康有爲在海外・美洲輯
補南海康先生年譜（1898—1913）

張啓禎　〔加〕張啓礽　編

2018年・北京

圖書在版編目(CIP)數據

康有爲在海外・美洲輯：補南海康先生年譜：1898—1913 / 張啓禎，（加）張啓礽編． — 北京：商務印書館，2018
ISBN 978 - 7 - 100 - 14026 - 3

Ⅰ．①康… Ⅱ．①張… ②張… Ⅲ．①康有爲（1858—1927）—生平事迹—1898—1913 Ⅳ．① B258.5

中國版本圖書館 CIP 數據核字（2017）第 126182 號

權利保留，侵權必究。

康有爲在海外・美洲輯
補南海康先生年譜（1898—1913）
張啓禎 〔加〕張啓礽 編

商 務 印 書 館 出 版
（北京王府井大街36號 郵政編碼 100710）
商 務 印 書 館 發 行
三 河 市 尚 藝 印 裝 有 限 公 司 印 刷
ISBN 978 - 7 - 100 - 14026 - 3

2018 年 3 月第 1 版　　　開本 640×960　1/16
2018 年 3 月第 1 次印刷　　印張 12　插頁 4
定價：90.00 元

圖 I 康有爲 1905 年 7 月攝于波士頓

圖II　1905年2月24日，康有爲與康同璧書

前　言

　　南海先生（康有爲，1858—1927，原名祖怡，字廣廈，廣東南海人）自戊戌政變，逋亡海外，直至推翻帝制，建立共和之後的1913年纔結束了16年顛沛流離的海外生涯。這段歷史，由于史料的闕如，在有關南海先生的任何一本傳記中都是不連貫的，也因此留下了不少歷史公案，更埋没了南海先生的歷史功績。

　　先父張滄江是康同璧先生（南海先生的次女）的最後一任秘書（1955—1969），因"文化大革命"的到來中斷了與康同璧先生的聯繫。1969年，康同璧臨終前，將一批有關自己生平的手稿資料清理出來，囑咐女兒羅儀鳳一定要設法交到先父手中，希望來日能夠出版，留下清白在人間。1973年，羅儀鳳終于實現了母親的囑託，將這批珍貴的史料交到了先父手中。

　　那年正值中美建立官方往來，先父被任命爲美國駐華聯絡處高級文員，他工作十分緊張，直到1987年退休後纔有精力投入這批史料的整理工作。他在身體狀況十分不好的情況下，堅持做了20年。直到2009年，先父已經87歲高齡，精力自然更不如前，于是就決定將這批史料的整理工作移交到我們兄弟手中，希望能完成他的未竟之志，將康同璧遺稿全部整理出來并付梓。

從這時起，我們接手父親未完成的工作——整理康同璧遺稿。其内容包括康先生的自傳、詩集、詞集、書信、文稿、講演稿，對此我們發現必須要有一份《康同璧年譜》，纔可以將這批史料的歷史年代厘清，但其中1903—1909年有着許多空白，康同璧對那段歷史幾乎隻字未提。在此期間，有幸認識了研究保皇會的美國學者譚精意（Jane Leong Larson）女士，她是康有爲弟子譚良的外孫女，對其外祖父譚良保存的大批康梁及各地保皇會領袖和譚良的往來通信進行研究和翻譯。同時又認識了另外一位資深美國歷史學家 Mr. Robert Worden，他的博士論文《流亡海外的康有爲1899—1909》（1971年）爲我們提供了新的歷史資料。在這裡我們要對兩位無私的幫助表示衷心的感謝。2013年《南溫莎康同璧舊藏》（以下簡稱《舊藏》）的發現，震惊了整個康學研究界。譚精意女士、Mr. Robert Worden 和我們在共同整理翻譯《舊藏》的過程中，逐漸積累了大量的珍貴史料，重要的是這批《舊藏》填補了1904—1906年的歷史空白，充實了編寫《康同璧年譜》所需。南海先生流亡海外的16年中，女兒康同璧始終追隨左右，并常常作爲他的代言人或執行者出面活動。所以，《舊藏》中很多新發現的史料内容都與南海先生的行止有關。我們猜想《康同璧年譜》中1899—1909年這段時期，其實就是南海先生在海外行程的記錄，由此便產生了編寫另外一本書《康有爲在海外——補康有爲年譜》的想法，如果實現，將會是一件更有意義的事情。

本書全名爲《康有爲在海外·美洲輯——補南海康先生年譜（1898—1913）》，"美洲輯"的意思僅指本書史料收集基本上是在美洲完成的。南海先生海外年譜的架構支持已經形成，大部分關鍵事件的時間都找到了可靠史料的印證，有助於文史學界學者們的深入研究，這是我們決定率先付梓"美洲輯"的基本原因。

但并不是說，這是一本完整意義上的海外年譜，畢竟南海先生在那段時間"經三十一國，行六十萬里"，僅在美洲一地的史料彙集工作不可避免會受到地域的局限，所以接下來我們希望在盡可能短的時間内，繼續完成《康有爲在海外》的"亞洲輯"與"歐洲輯"，然後匯總呈現給讀者一本完整意義上的康有爲先生的海外年譜。

外部環境的變化和發展也是本書得以取得階段性成果的重要因素：

1. 近幾年，北美早期華人歷史研究大大活躍，這類研究與20世紀初南海先生倡立的保皇會的興盛發展和消亡往往緊密相關，當時保皇會在提升華人社會地位、拓寬自身的生存活動領域、重視華人子弟教育方面起着舉足輕重的作用。相關方面史料的發掘以及研究成果的出現，成爲充實《年譜》内容的重要來源。

2. 近十年，有關康有爲在海外活動的史料不斷被發現，有些甚至是大量、集中并噴發式地涌現，例如，1997年源於《譚良檔案》的《康梁與保皇會》的出版，2012年《南長街54號梁氏檔案》的出版，2013年《康同璧南温莎舊藏》的發現，更爲《年譜》提供了一手的直接證物，使得某些歷史公案的澄清成爲可能。

3. 本書的出版還得益於加拿大和美國的圖書館、檔案館的開放，許多歷史檔案及时公開，成爲大量一手資料的重要來源。

當然還有另外一個原因，在史料彙集的工作中，得到一些有重要參考價值的歷史文獻和研究成果，想必有助於研究者進行研究，所以不敢有私，擇其要，在本書的附録中刊出。這本書終於要出版了，想起兩年來的種種付出，只覺得時間過得好快。我們囿于學識、時間倉促，遺漏和錯誤在所難免，祈盼學界達人不吝賜教，以便我們能在再版或再編時一并改正。

張啓禎于中國北京
張啓礽于加拿大溫哥華
2017 年 12 月 31 日

凡 例

一、《康有爲在海外·美洲輯——補南海康先生年譜（1898—1913）》爲了閱讀方便，采用公曆紀年，也照顧到與中華書局 1992 年版《康南海自編年譜》（外二種）的傳統習慣的銜接，在全書目録與正文中僅將公曆紀年提前，按"公曆紀年—年號甲子紀年—譜主年齡"的順序編排。

二、中華書局 1992 年版《康南海自編年譜（外二種）》中，1858—1898 年的内容爲南海先生自編，名爲《康南海自編年譜》；1899—1927 年的内容本于康同璧 1958 年編成的油印本初稿，名爲《南海康先生年譜續編》（以下簡稱爲：58 版《續編》）。

本書記録的是 1898—1913 年間發生的事，爲了使用方便，文中每年的開頭均照録了 58 版《續編》中對應的部分。

康同璧在隨後的數年間，又對 58 版《續編》做了多處修改，修改結束于 1961 年（以下簡稱爲：61 版《續編》），由其子羅榮邦教授依此譯成英文出版。而 61 版《續編》迄未有中文本出版印行，本書將其收録在附録中，兩版的文字出入用楷體字標出，以方便研究者使用。

三、附錄中刊載的海外保皇會的分布，應是多年來最完全的歸納和統計了，可見當時號稱"國際第一大黨"的陣容之強大。

四、由于當時中英文互譯的混亂，早期中文翻譯用詞的不統一，百年來中外文地名使用習慣的迭變，給歷史研究和閱讀造成了極大的困擾，經常會見到書中一個中文地名對應了幾個英文地名，本書行文中對一地不同的中文譯名予以保留。反之亦然，幾年考釋的積累有了"保皇會地名中英文對照表"的出現，也在附錄中刊出，俾使研究者得到便利。

目　録

補南海康先生年譜（1898—1913）　　// 1

1898 年（光緒二十四年戊戌）41 歲　　// 1

1899 年（光緒二十五年己亥）42 歲　　// 2

1900 年（光緒二十六年庚子）43 歲　　// 26

1901 年（光緒二十七年辛丑）44 歲　　// 28

1902 年（光緒二十八年壬寅）45 歲　　// 32

1903 年（光緒二十九年癸卯）46 歲　　// 37

1904 年（光緒三十年甲辰）47 歲　　// 42

1905 年（光緒三十一年乙巳）48 歲　　// 59

1906 年（光緒三十二年丙午）49 歲　　// 98

1907 年（光緒三十三年丁未）50 歲　　// 111

1908 年（光緒三十四年戊申）51 歲　　// 121

1909 年（宣統元年己酉）52 歲　　// 128

1910 年（宣統二年庚戌）53 歲　　// 134

1911 年（宣統三年辛亥）54 歲　　// 135

1912 年（民國元年壬子）55 歲　　// 137

1913 年（民國二年癸丑）56 歲　　// 140

附：補康南海先生自編年譜　　　　　// 143

附　錄　　　　　　　　　　　　　// 166
　附錄一　社團介紹　　　　　　　　// 166
　附錄二　海外保皇會的分布　　　　// 168
　附錄三　保皇會地名中英文對照表　// 172

主要史料來源　　　　　　　　　　// 182

補南海康先生年譜（1898—1913）

1898年（光緒二十四年戊戌）41歲

9月20日　康有爲離開北京。

9月21日　慈禧太后發動宮廷政變，囚禁光緒，并下令捕殺康有爲等維新志士。

9月27日　康有爲從上海乘英輪赴港。

10月24日　康有爲由香港到日本。

1899年（光緒二十五年己亥）42歲

光緒二十五年己亥（一八九九年）先君四十二歲

正月，先君居日本東京明夷閣。時與王照、梁啓超、梁鐵君、羅普等重話舊事，賦詩唱和。日相大隈伯、文部大臣犬養毅、外務大臣副島種臣、內務大臣品川子爵、名士松崎藏之助、柏文郎、陸實、桂五十郎、濱村藏六、陸羯南三宅等，亦常來游。桂湖邨且以日本寶刀相贈。日野秀逸伯爵邀觀家藏書畫古物。學者莊原和著《新學偽經考辨》，以書寄贈。不意舊著遠到雞林，且有駁辨，先君賦詩謝之。

二月五日，為先君誕辰。梁啓超偕同門三十餘人上壽，飲于東京上野園。先君以國內同門尚多，又慮黨禍，函勸來東游學，家計不裕者，則由先君籌給經費，自此東游者頗衆。十一日，由橫濱乘"和泉丸"渡太平洋，二十七日抵加拿大域多利亞埠。三月四日，乘船赴灣高華。二十六日，乘汽車過落機山頂。大雪封山，光明照映，譯者請名之，因名曰"太平頂"。月杪，至加都城阿圖和。四月一日英總督冕度侯爵約讌，爵夫人特邀女畫師瑯杜爲先君畫像。十二日，放洋赴歐。二十二日，至倫敦，館于前海軍部尚書柏麗斯子爵家。先君戊戌蒙難至港，適柏麗斯由英倫來，相見甚懽，願救德宗自任。此次子爵代請英廷擬推倒那拉

1899年（光緒二十五年己亥）42歲

氏政權，實行立憲。以議院開會，進步黨人數少十四人，未通過。乃于閏四月離英倫，重返加拿大，臨行賦詩曰：秦庭空痛哭，晉議自紛紜。使者是非亂，盈廷朋黨分。陳桓誰得討，武曌亦能君。只愁飛餉水，八極起愁雲。

六月，先君在加拿大域多利埠、溫高華埠，與李福基、馮秀石及子俊卿、徐爲經、駱月湖、劉康恒等集議，創立保商會。華僑十九皆商，故保商即保僑，亦即團結華僑以愛衛祖國之會也。旋有人獻議保皇乃可保國，乃易名保皇會。時那拉后與守舊派正謀危光緒，故保皇云者，當時抗那拉氏之謀而言，此保皇會之緣起也。十三日，保皇會正式成立。遣門人徐勤、梁啓用（田）、陳繼儼（儼）、歐榘甲分赴南北美洲、澳洲二百餘埠成立分會。會員至百餘萬人，爲中國未有之大政黨。并創辦報館及干城學校，聘西人教兵操。先君製干城學校歌十數首，令學生歌唱焉。夏秋間多居文島。流離日久，曾病頭風。此海島嶼盈千，雪光照人。先君日游一島，始則結布爲帳幕，繼則裝潢爲漁室，名曰"寥天"。前後兩居，凡彌月，志士馮俊卿奔走供給，調護至周。

九月，勞太夫人在香港患病。先君由加拿大假道日本歸港。日本政府受滿清政府之托，對先君將有不利。前內務大臣品川彌二郎子爵，以死力爭于其舅山縣有朋侯相，始免于難。抵神戶時，派警官接護，送至馬關。品川氏譽先君爲中國之松陰。松陰爲日本維新導師，伊藤博文即出其門者也。二十二日，過橫濱，匪徒縱火清議報館，存稿被燼。二十四日，至馬關，泊船二日，即李鴻章議和立約遇刺地也，傷懷久之。抵港後，清廷正擬廢德宗立大阿哥，懸金五十萬購先君頭，特命李鴻章督粵緝捕戊戌黨人。某夜，刺客忽至，相距僅尺許，先君大呼閉門，印警至，賊始走避，門人狄楚青及唐才常猶在樓下談也。又買鄰房穿地道，擬以炸藥轟之。適邱菽園自星加坡匯贈千金，并邀往南洋避難，乃于十二月廿七日偕梁鐵君、湯覺頓等乘船離港。菽園與先君素不相識，敬其變法爲救中國救人民之故，遠致千金。到坡後款待尤殷，真義士也。是年，先母張夫人爲同薇姊擇婿麥仲華。

《南海康先生年譜續編》康同璧 1958

1月1日 與王照、梁啓超、羅普在日本東京明夷閣望闕行禮。
3月22日 康有爲由橫濱乘"和泉丸"[①]渡太平洋。

己亥二月由日本乘"和泉丸"渡太平洋。

老龍噓氣破滄溟，兩戒長風萬里程。
巨浪掀天不知遠，但看海月夜中升。

4月7日 由橫濱乘"和泉丸"抵加拿大域多利埠[②]入境。
康有爲由橫濱搭乘"和泉丸"到達域多利，李夢九[③]在碼頭上等待，陪同康有爲的有李棠[④]和翻譯中西重太郎。
康有爲搭日本公司船，以爲能直接到美舍路埠[⑤]登岸，從此往

[①] "A Chinese Refugee", *Victoria Daily Times*, April 8, 1899.
[②] 域多利埠（Victoria, BC Canada），今稱維多利亞，加拿大英屬哥倫比亞省省會。
[③] 李夢九（1861—1924），字僊儔，廣東番禺人，1880年前後移民加拿大，自1889年起，任加拿大海關移民部在維多利亞港的首席翻譯。
[④] 李棠，南海人，康有爲保鏢和隨從，隨康流亡赴日、加、美。
[⑤] 舍路埠，今稱西雅圖。

1899年（光緒二十五年己亥）42歲

英京求救。不意由横濱啓輪來，該船首泊英屬百子利①，先到痘房灣泊，醫生查驗。適有華人某某在痘房執厨役，見其有康有爲字樣，號于箱頭行李。遂發話電來域，怡益馬進兄知。而馬進通傳李儔儔、李奕衛、黄鰲、馬達等即備車往碼頭迎接康先生到步，在域李儔儔家下足。各華商往拜謁請宴，盡其誠敬。到此間已有半月，而葉恩知其情，親到域埠請康先生入雲古華（溫哥華）談論國事。又往二埠（New Westminster，今稱新西敏市），亦復如此歡迎。至後香港富商何東，打發南邑②陳恩榮翻譯前來從先生之後，由是康先生又復域埠，整頓行裝，往英京求救助③。

4月8日 星期六，對域多利當地華人演説，然後由省財政部長陪同參觀省議院。④

圖1 位于維多利亞的加拿大英屬哥倫比亞省議會（1898年正式建成使用）

他認爲在維多利亞是絕對安全，因爲在這裏對光緒皇帝的支持者佔主導地位，但他不會前往舊金山，在那裏清廷的勢力較強，對

---

① 英屬百子利（William Head, BC Canada）痘房是進出太平洋船隻和旅客傳染病檢驗站，在維多利亞西25公里處。
② 南邑，即澳大利亞。
③ 李福基：《憲政會紀始事略》，1909年，第1—2頁。
④ "Cantonese Reformer", *The Daily News*, Vancouver, April 14, 1899.

5

图2　加拿大英属不列颠省财政和农业部长卡特·考顿

他而言很危险。

　　星期六下午的演说结束後，在一小群随行人员的陪同下，到刚刚建成并正式启用的英属不列颠省议会去参观。在这里主持接待的是省财政部长卡特·考顿先生①，在他的陪同下，通过翻译给这位尊贵的东方来客解释了议会大厦的一切细节。康有为对财政部非常感兴趣，并询问关于收入、建筑成本、税收等许多的问题。他的一些问题非常令人惊讶，远远超出了其他人的理解。而在地政及工程处，他问了一些关于如何收取登记和相关科目的金额问题。他说，"对一个小省来说，非常好，非常伟大"，又是在经费不足的情况下建造的，并补充说，若他重新执政，他将采用一个类似的管理结构方式。

图3　加拿大英属哥伦比亚省议事大厅

---

① 卡特·考顿（Francis Lovett Carter-Cotton）生于 1843 年 10 月 11 日，卒于 1919 年 11 月 20 日，报人、政治家和商人，1898—1900 年为加拿大英属不列颠哥伦比亚省财政和农业部长。

1899年（光緒二十五年己亥）42歲

接下來訪問的是教育署，在這裏督察威爾遜接待了他，康有為向他問道這裏有多少學生就讀、學校老師的數量和運作維護這些學校所需的費用。瀏覽了正在展出的參考書籍，康指出，在中國也有類似的書，但全部都依賴進口。他注意到這一切計劃都說明英國對教育的重視。在游戲室、圖書館等處，他還詢問了這裏需要多少員工、花費及工資，以及其他統計信息，所有的答復都被其私人秘書仔細地記錄下來。

康有為還訪問了停在埃斯奎莫爾特港口（Esquimalt Harbour）①的軍艦，並禮節性地拜訪了住在卡瑞堡（Cary Castle）、由英國女王任命的第六任省督托馬斯·羅伯·麥克因（Thomas Robert McInnes）。隨後在星期四前往溫哥華。

圖4　英屬哥倫比亞省督府卡瑞堡

圖5　托馬斯·羅伯·麥克因（1840—1904），加拿大國會議員和加拿大英屬哥倫比亞省省督

---

① 埃斯奎莫爾特港口（Esquimalt Harbour），是英國皇家海軍太平洋艦隊總部，其基地在加拿大不列顛哥倫比亞省溫哥華島的南端。

4月10日 温哥華葉恩到域多利迎接康有爲。①

4月12日 温哥華商界開會討論是否正式迎接康有爲的到來。②

4月13日 在葉恩的陪同下到温哥華，隨行有李棠和日本人中西重太郎。③在温哥華的大公園送別中西重太郎。

康有爲在温哥華度過了非常繁忙的一天。他和他所崇拜的知名人士通話，如市長、日本領事及其他當地知名華商。傍晚，他在一個有名的中餐館出席歡迎儀式後，到市政府禮堂爲他的同胞做有關維新的演説，會後和少數友人共進晚餐。出席歡迎會和聆聽他的演説的，有大批從二埠來的當地知名人士。

4月14日 中午在温金有④的安排下會見温哥華市長；晚上在温哥華市政府禮堂演講，有一千三百人與會。⑤

圖6　温哥華市政府和卡内基圖書館

在今天對康有爲的一次采訪中，康有爲説，在他的維新大業中包括成立一個有代表性的議會政府，構建一個國家的銀行系統，實行礦山和鐵路國有化，實施中小學的免費教育，

---

① "Passengers List, Per Steamer Charmer from Vancouver, Charles Yip Yuen", *The Victoria Daily Times*, April 10, 1899.
② "Heads Risked For Kang", *Victoria Daily Colonist*, April 13, 1899.
③ "KYW at the Hotels", *Daily World Vancouver*, April 13, 1899.
④ 温金有是現存史料中可考最早出生在加拿大的華人，他傳奇的一生，見證了華人在温哥華受歧視的歷史。
⑤ "Cantonese Reformer ", *The Daily News*, Vancouver, April 14, 1899.

8

建立技術學校，投身政府組辦的陸海軍訓練。同時他也是一個"金甲蟲"[1]，他認爲中國以白銀爲基礎的貨幣體系已經使國家陷入貧困，以金易銀，使那些在中國進行交易的國家獲利。

晚間，康有爲在唐人街演說，并出席了一個大型宴會。

4月15日　在溫哥華市政府爲千餘人演說改革計劃，呼籲國人團結傳播維新理念。[2]

4月17日　游溫哥華的大公園斯坦利公園（Stanley Park）。

上巳[3]後四日游加拿大灣高華公園，送譯者還日本，呈東國諸公。[4]

大瀛萬里隔游塵，上野鶯花照暮春。
未敢回頭思漢月，却看海月夜中生。

櫻花開罷我來時，我正去時花滿枝。
半歲看花住三島，盈盈春色最相思。

4月18日　在溫哥華市内游覽後去史蒂夫斯頓。[5]康有爲考察華工的生活狀況。[6]

---

① 被叫作"金甲蟲"（Gold Bug）的人非常信賴實物黃金、投資及研究黃金。
② "Assassin After Kang", *The Daily Colonist,* Victoria BC, April 15, 1899.
③ 上巳節，農曆三月初三，1899年上巳節爲4月12日，星期三。
④ 東京大學東洋文庫藏康詩手稿《贈東洲》，即此詩第二首，詩前有題"東洲兄還國，再賦一章，亦足知游者之情也。有爲"，詩末并有注"并呈犬養木堂君、伯原東畝、桂湖邨、陸羯南及藤洲子、宮崎君及東國各故人"。（康有爲撰，姜義華、張榮華編校：《康有爲全集》第十二集，中國人民大學出版社2007年版，第196頁。）
⑤ 史蒂夫斯頓（市姊廠），英文名Steveston, BC，早期許多華人在史蒂夫斯頓的三文魚罐頭廠做工，華人聚集區。
⑥ "Kang Yu Wei Investigating the Condition of His Compatriots", *The Globe,* April 19, 1899.

康有爲將于星期三訪問史蒂夫斯頓、二埠和三文魚罐頭廠，瞭解那裏華人的狀況。他在此地停留數日，然後去東部。星期天，本地華人設宴招待康有爲。這位中國的維新者，原本計劃訪問西雅圖，但是上星期六，從湯森港（Townsend Port）發來美國移民入境處的電報説，康將不被允許入境美國。

圖7　史蒂夫斯頓（市姊廠）

是日，二埠官方正式歡迎这位尊贵的客人。①

康有爲從溫哥華乘專列于中午十二點十五分到達，陪同他的有秘書李棠和翻譯溫金有。在下榻的 Guichon 旅館大廳舉行了一個歡迎儀式。最先被介紹的是崇拜康有爲的市長歐文（Thomas Ovens）先生、市長和警長亨德森（Henderson）先生對康的正式訪問予以最熱忱的歡迎。

---

① "A Distinguished Visitor", *Daily Columbian*, New Westminster, BC, April 18, 1899.

1899年（光緒二十五年己亥）42歲

圖 8　桂從客舍（左）
注：桂從客舍是 1898 年二埠大火後保留下來的兩座建築之一，1899 年康有爲曾住于此處。

4 月 19 日　到二埠訪醫院、電廠、監獄和鋸木廠，在歌劇院給六百五十多人做了演講。①

　　康有爲來到二埠，此時的二埠仍然是溫哥華地區最大的城市。二埠市長歐文和警長亨德森爲康有爲舉行了正式的歡迎仪式，并陪同他參觀了監獄，英屬的哥倫比亞省監獄是加拿大西部最大的聯邦監獄，于 1878 年建成使用。晚間出席了當地華僑的晚宴。②

圖 9　二埠的公共精神病院

---

①　"Huang Yu Wei", *Daily Columbian*, New Westminster, April 20, 1899.
②　"Chinaman Honored", *Victoria Daily Colonist*, April 20, 1899.

11

是日，康有爲在二埠受到當地政府的正式款待。①

有六百余名愛國華僑出席了康有爲在二埠歌劇院的演講會，出席的還有約五十名講英文的市民和數名女性。康要求在海外的五百萬華人團結一致，在適當的機會要回到祖國，幫助他和他的皇上恢復皇位，繼續開展多數國人期待的改革維新。

圖 10　皇家哥倫比亞醫院

是日，接到美方電報，康有爲不被獲准進入美國。②

圖 11　英屬哥倫比亞省精神病庇護所

---

① "Huang Yu Wei", *Daily Columbian*, New Westminster, April 20, 1899.
② "Can't Cross the Border", *Victoria Daily Colonist*, April 19, 1899.

1899年（光緒二十五年己亥）42歲

4月21日 于哈里遜温泉養病數日。①

圖 12　哈里遜温泉愛麗絲旅店

5月3日 乘火車離開温哥華，經渥太華，赴倫敦。隨行有盧仰喬、陳恩榮和李棠。

圖 13　加拿大太平洋鐵路温哥華車站

5月8日 康有爲到渥太華。②

康有爲8日到達渥太華，隨行的有加拿大騎警 Heffernan③、從澳大利亞墨爾本來的翻譯陳恩榮、維多利亞的盧仰喬和李棠。

---

① 哈里遜温泉（Havrison Hot Spring, BC）。"Huang Yu Wei's Movements", *Daily Columbian*, New Westminster, April 20, 1899.
② "Kang-Yu-Wei, Noted Chinese Reformer in Ottawa", May 9, 1899.
③ John Herbert Heffernan 是在5月4日—5月21日，加拿大政府派出負責保護康有爲一行安全的加拿大西北騎警。

13

三月之末，度加拿大。逾落機山，千峰積雪，長松覆地；鐵路轉壳曲折，循山逾澗若長蛇。凡經雪架山洞八十餘，澗橋無數。俯瞰碧湍，光景奇絶。鐵軌盤山頂而過，山頂甚平而無名。西人請吾名之，吾名之爲"太平頂"，期大地之太平世也。逾山則雪藉數千里，無寸土草及人居。時有一二煙剪（按：指印第安人）帳居于是牧畜，想見吾漠北氣象，如是者四五千里，乃到蘇波湖（Lake Superior），湖中萬島，界分英美。煙波洲渚，浩渺微茫，石阜長松，連續千里。此地殆中原所無，亦地球所少見也。三月晦夕，至阿圖和（按：即渥太華）凡六日，鐵路行萬里矣。

5月10日 康有爲及其隨行下榻 Russell House 旅店。[1]

康有爲打電話感謝加拿大總理和總督的邀請。是日，康有爲打電報給美國外交部，尋求入境美國之方。[2]

是日，出席渥太華加拿大議會，加拿大總理威爾弗里德·勞雷爾爵士（Sir Wilfrid Laurier）會見康有爲。

5月11日 加拿大總督在渥太華總督府爲歡迎康有爲舉辦國家舞會，七百賓客與會。[3] 這是首次由加拿大總督和夫人主持的國家舞會，在總督府的麗都禮堂隆重舉行。現場看到身着華麗禮服的官員和打扮得花枝招展的女士們。康有为一行則身着傳統的中式服裝出席盛會。爲了表達對貴客的歡迎，在十點左右，客人們聚集在舞廳兩側，留下一條朝向中心的通道，尊貴的客人走到寶座。然後星四對舞開始了。

---

[1] "Ottawa's Chinese Visitors", *Ottawa Citizen*, May 10, 1899.
[2] Telegram of Kang Yu Wei, Ottawa, to Commissioner of Foreign Affairs, Washington, May 10, 1899, Microcopy 179, Roll 1035.（电报出处）
[3] "State Ball, Brilliant Function at Government House, Nearly 700 Present", *Ottawa Citizen*, May 11, 1899.

1899年（光緒二十五年己亥）42歲

圖14 加拿大總理威爾弗里德·勞雷爾爵士（1841—1919）

圖15 加拿大渥太華國會大廈

其國預派巡捕官于車站前相接，越日其總督、總統、稅務司官約見，其總督由英所命，若吾之鎮守將軍也。加拿大雖屬英，而別爲民政如美國。其總統由民舉，雖位總督之下，而大權一切屬之。總統名羅利、法種，額而新黨新得政者也。一握手即曰吾與子皆新黨，願子迅得政如我，相接欣然。延入密室密談，情意至厚。述及彼舊事，相與歃籲國種。令我過戈壁視其舊壘焉！

再使一官邀吾視議院，導游各所，及觀議員議事。復至書藏，云有中國書甚多。後遣人以藏書贈焉！其下議院長請茶宴，出其夫人諸女相見，再導觀議院，羅利並親陪焉。

總督冕度（Earl of Minto）在總督府設最隆重的國宴舞會，熱情招待康有爲，近七百人出席，康有爲和其隨行人員穿着傳統的中國服裝赴宴，總督夫人請來多倫多的女畫家爲其畫像。

四月過加拿大阿圖和都，英加拿大總督冕度侯爵設跳舞大會招宴，侯夫人電邀女畫師于都琅杜①來寫吾像，畫師年方

---

① 都琅杜，今稱多倫多。

15

十八,紅衣娟妙,最有名者也。

圖16 加拿大總督府

來自另一份報章報道有云:

圖17 加拿大總督 Gilbert Elliot-Murray-Kynynmound

先是英總督請跳舞宴,是夕九時赴焉。男女七百人,鋪設宏麗,男女合沓,長裙曳地。各大臣皆來握手問詢。總督與諸大臣先舞,次官繼舞,後則群賓亂舞,若旅酬焉。總督延吾在舞廳之高座,此則惟總督、總統夫人坐者,群官皆不與焉。舊總統偕吾巡視各廳及園林,燈彩萬千,花香錯雜。其酒廳列兵二隊,左右執槍立。但總督與各執政大臣一席,吾一席,餘俱立飲。飲畢復舞,至二時乃散。越日總督命一女

1899年（光緒二十五年己亥）42歲

畫師自怘郎度（按：即多倫多）來，爲吾寫像，畫師年十八，其地最著名者也。吾口占一絕云："漂泊餘生北美洲，左賢特爲寫形留。風鬟十八紅衣女，却是中原顧虎頭。"

圖 18　加拿大麗都禮堂
注：加拿大總督爲歡迎康有爲，在此舉辦國家舞會。

5月11日　下午，參觀渥太華電車發電廠。①

康有爲在加拿大太平洋鐵路地區總監和電車公司總理的陪同下，參觀渥太華電車發電廠，并估算在廣州建立一座電廠的成本，也希望促進中國鐵路電車的發展。康有爲對機器和發電機的各種細節和原理非常感興趣，他提出了很多關鍵的問題，給主人留下了深刻印象。

康有爲希望促進祖國電力事業。在條約口岸外，廣州是唯一擁有電廠的中國城市，但很落後。昨天他請求技術人員爲將來在廣州建造一座三倍于渥太華電廠的照明用電電廠成本進行估算。康有爲對加拿大鐵路、蒸汽和電力的印象深刻，如果他能回國，將計劃施

---

① "Railways for Orient, Kang Yu Wei, the Chinese Reformer, Gathers Some Information in Ottawa", *Ottawa Citizen*, May 12, 1899.

17

行同一鐵路政策。

　　太平洋鐵路地區總監在爲康有爲做介紹的同時，意識到未來中國市場存在的巨大潛力和利益。

　　5月19日　在康有爲的倡議下，溫哥華于五月十九日晚率先成立商會（即保商會前身），首倡者有溫哥華富商葉生、Hip Tuck Lung、Dr. Liu、利源和溫金有。商會以每股一元出售，當場認股千餘。在新西敏和維多利亞也有很大的需求，業務將很快擴展到美國和加拿大東部地區。這是康有爲策劃的五百萬海外華人聯合投資的一項大計劃，組合在加拿大、美國和澳大利亞所有的東方貿易。

　　5月21日　乘船赴英。

　　5月24日　四月望，乘船渡大西洋近北極，曉見二冰山高百丈，自北極海流來者，船人傾視，誠瑰瑋大觀也。

　　5月31日　周三，到達英國利物浦，轉赴倫敦。[①]

圖19　康有爲1899年到倫敦所住的希思酒店
注：1899年，康有爲到倫敦下榻于此。

---

① 《補英國游記》記："1899年5月19日，農曆四月十日三時至利物浦，夜八時至倫敦。"實日期錯記。

1899年（光緒二十五年己亥）42歲

到倫敦，館于進步黨魁前海軍部尚書柏麗斯輝子爵。子爵代請于英廷扶救復辟，議院開議，進步黨人數少十四人，議卒沮，以英使竇納樂感吾總署誣言也。遂去英，時閏四月。

6月11日　自利物浦啓程，返回加拿大。[①]
6月21日　到達加拿大蒙特利爾。[②]

五月出利物浦，渡大西洋，重到加拿大，入勝羅蒼江口。

西洋巨浪地球稀，萬里行程九日歸。
故國蒼茫煙月遠，逋臣憤慨海波飛。
雲垂大野星辰烱，水接長天島嶼微。
喜見美洲江岸近，茫茫大地又何依？

6月　重經模士莊[③]李棠，再到酒家買酒。中夏風景，迥殊春暮矣。

客舍來時雪覆磯，園林歸日綠陰肥。
再到舊家重買酒，寥天九萬過來稀。

（康有爲撰，姜義華、張榮華編校：《康有爲全集》第十二集，第197頁）

[①] S. S. Tainui, Liverpool to Quebec, June 11, 1899, Manifest.1899 年 6 月 11 日啓程，從英國利物浦到加拿大魁北克省蒙特利爾的 S. S. Tainui 郵船旅客登記。
[②] S. S. Tainui, Liverpool to Quebec, June 21, 1899.1899 年 6 月 21 日，S. S. Tainui 郵船到達魁北克的旅客登記。
[③] 模士莊（Montreal），后稱滿可地，今加拿大蒙特利爾。

图 20　保护和陪同康有为的加拿大西北骑警 M. White Fyffe

7月2日　康有为由联邦警方巡视员 Hogen 陪同回到温哥华。

7月9日　加拿大总理收到温哥华警方电报，派警员 Fyffe 保护康有为。①

7月13日　到二埠小住。②

加拿大裒花裒士打库官茶会，席上男女皆善曼歌，索诗代之，传之留声器，以为韵事。

小住裒花閲劫馀，琴心鸟语散花初。
记取紫云歌一曲，人天哀咽最伤馀。③

7月20日　康有为在域埠客舍，由加拿大骑警保护。④

维多利亚当地报纸报道说："作为中国的外交官，康有为现在英国的保护下，警员 Fyffe 先生被任命为他的保镖，防止刺客的袭击。康有为有个计划，他组织所有在美国和加拿大的华人组成一个强大的团体，并在每个所到地方进行演讲，展示他的计划。如果他的计划能成功，中国的银行、投资机构和金融机构将在任何可以赚到钱的地方建立。他们将在此停留到下个星期，康将发表一系列演讲直到他们离开二埠。"

是日，成立域多利保皇会（保救大清光绪皇帝会）。⑤

---

① "Kang Yu-wei, Vancouver, to Sir Wilfrid Laurier, Ottawa, July 9, 1899", *Laurier Papers*, Vol. 117, No. 35243, MG 26, Public Archives of Canada.
② "A New Resident for Westminster", *Victoria Daily Colonist*, July 13, 1899.
③ 康有为撰，姜义华、张荣华编校：《康有为全集》第十二集，第 197 页。
④ "Fiffy Victoria", *Victoria Daily Colonist*, July 20, 1899.
⑤ 李福基：《宪政会纪始事略》，第 3—4 页。

1899年（光緒二十五年己亥）42歲

在溫哥華，衆華商請先生在冠芳樓敘飲，先生在席間提倡以設立保商會爲要務，每份科銀一元，在場認股千餘份，道德感人可知也。先生在雲埠逗留半月，又返回域埠，復提倡保商會，舉李儜儔（夢九）爲總理，李力辭之。福基力勸終不聽，莫奈之何。不覺一月來，此時黄宣琳、林立晃、陸進等，日與康先生周旋左右，暢談國家時局。一日，盧仁山、林立晃、陸進、黄宣琳、福基，均在嘉祥樓上會晤，宣琳對康先生起言，倡保商不如保皇爲妙。康先生聞言，起立拱手稱謝，先生即對各人宣言云，我先倡保商爲名，實行保皇政策起見。此保皇會實起點于此。

卒之鹹水埠（溫哥華）舉葉恩爲總理，葉春田、黄良、李清池在其列有功；徐維經、盧仁山又舉福基擔任域埠總理，福基力辭，自問才力不足，因欲却之。康先生見此遂起而責言曰：昔日關公誠心一點，即達天庭，況今日祖國垂危，倡會救國，亦我國民責任，捨此不爲，何以對天地君國云云。福基見其誠意，遂允擔任；二埠劉康恒擔任正董，開會有功。于是擇光緒廿五年六月十三日始立保皇會。未成會之前，馮俊卿、董荔津、沈滿、朱禮、關昌、莫梓榮、吳始芳、關崇傑此等少年，頻爲奔走協助，老成者仁山、謙泰、維經、畏三、修石、福基、月湖等，均同提倡，成立義會。至六月卅日，在中華會館賀萬壽。康先生自兹始貽書撥俞李美近、梁鴻軒等，舍路埠胡拔南、劉瓊、甄想等，大埠譚樹彬、關伯堯、雷維利等。崔子肩任正董，響應立會，爲首事人。

7月 其後，溫哥華与新西敏也先後成立了保皇會，于是加拿大西部成爲全世界保皇運動發源地。

圖21　保救大清光緒皇帝會會旗

圖22　温哥華島上的悉尼旅館

7月28日　康有爲一行入住悉尼旅館。①

中國的改革家康有爲和他的隨行，入住悉尼旅館，在那裏享受凉爽的海風。駕車和劃船似乎是他們的主要活動。他的秘書克勞德，言談舉止和受過良好教育的英國人没有區別。有一名騎警晝夜保護着康有爲。

晚些時候，康有爲匿居到一個僅有十餘頃的小島上，他命名爲"文島"。②從他的兩首紀事詩中可以推斷出，那個小島就在魏家洲附近的一個小島。

　　域多利海島無數，山離雉泊我來游。
　　每日盪舟游一島，夕陽醉繞魏家洲。
　　小島周遭十頃餘，小山松柏滿幽居。
　　坐收平果生涯足，牧豕屠羊更取魚。

---

① "Sojourning at Sidney", *Victoria Daily Colonist*, July 28, 1899.
② 康有爲在《回首銀河共明月，最難文島話鄉親》一詩中注有"文島者，在英域多利海中，樹木森森石磽數頃，吾居此月餘，營一室焉"。至今并無確證"文島"究竟在何處，但是從康有爲外孫羅榮邦在1967年英文版 *Kang Yu-wei, A Biography and A Symposium* 第261頁注釋12中所述，魏泗即魏廷高之子，Jack Lee 1967年6月27日寫給羅榮邦的信中，以其出生證上注明出生地爲 Coal Island，證實魏泗島、魏家洲即 Coal Island，康有爲在魏家洲后注有"島爲中國人魏泗買而耕之"。至此羅榮邦認爲 Coal Island 即文島，被其他學者引用。但筆者從康有爲詩中提到的情形來看，康有爲不是住在魏泗島（魏家洲），而是住在附近一座小島。康有爲所住的島僅十餘頃（22英畝），但魏泗島就有220英畝之大。周圍的小島僅有 Goudge 或 Fernie 島符合康有爲的描述，而且康有爲可以在晚餐之餘劃船繞行魏家洲一遭。故筆者認爲 Goudge Island 纔是康有爲的"文島"。

1899年（光緒二十五年己亥）42歲

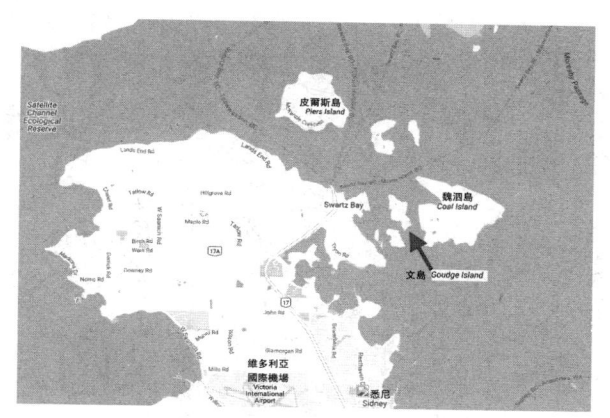

圖 23　加拿大温哥華島上悉尼附近的文島
注：康有爲數次匿居于此。

9月18日　文島中秋夜有故鄉蘇村之蘇始熠來陪。

文島中秋夜有故鄉蘇村之蘇始熠來陪，與話故鄉事惘然，寫附寄鄉人。

> 飄零遠客二萬里，垂白鬢絲四十春。
> 回首銀河共明月，最難文島話鄉親。
> 慚將黨禍驚鄰曲，愧乏恩施及里人。
> 便恐故鄉成永別，空勞父老話逋臣。

9月　康有爲寓居文島。①
《日本郵報》的阿奇博爾德·力特爾在文島采訪了康有爲。他説："康居住的地方是由一個加拿大騎警把守的，許多中國人知道他在那裏，但到目前爲止，没有人去打擾他。"康認爲："近來士子

---

① 阿奇博爾德·力特爾在文島采訪康有爲。參見 Watching the Exile, *Victoria Daily Colonist*, October 19, 1899。

圖24　康有爲《文島中秋夜》詩手稿

皆能公忠體國，亦頗知變法之當急，要在設法以成其志而已。所懼者不及待守舊黨勢衰，而中國瓜分之勢已至不可收拾不能成國矣。"

10月10日　母病，康有爲離加拿大，返回香港。加拿大西北騎警檔案中記載，康有爲於1899年10月10日離開域多利。

別文島，周游之，跌足而返，回望吾廬寥天室，悵然不忍捨去。

島樹別離行一周，沙灘跌足不能游。
興闌緣盡從茲去，歸棹回頭獨倚舟。

1899年（光緒二十五年己亥）42歲

文島幽居占月餘，風煙草樹不吾疏。
天涯走遍佳山水，比似寥天總不如。

是日，加拿大總理收到域多利警方報告康有爲離去的電報。康有爲離開域多利，經日本橫濱、神戶、下關，回到香港。

1900年（光緒二十六年庚子）43歲

光緒二十六年庚子（一九〇〇年）先君四十三歲

正月二日，先君至星加坡，寓邱氏客雲廬。二十六日遷居恒春園，樓名南華。

二月，自恒春園移居林文慶宅。

三月，遣梁鐵君至北京尋先叔幼博墓，得于北京宣外南下窪龍樹寺之旁，攜遺骸以歸。幼博之遇難，勞太夫人不知也。

七月，義和拳起義，八國聯軍攻占北京。先君號召援救京師，散發告全國民眾書，宣布載漪、榮祿、奕劻、剛毅誤國罪狀。遣門人徐勤募款海外，李福基勸會眾輸餉，邱菽園出力尤巨。唐才常招撫長江兩湖豪傑，又收納青紅各幫眾凡十數萬，號"自立軍"，自爲總司令。才常，湖南瀏陽人，爲譚嗣同死友。昔在湖南時務學堂任教，與梁啓超齊名。嗣同蒙難後，才常東渡日本與梁啓超、麥孟華、徐勤等日夜謀劃，欲爲嗣同復仇，以救中國。至義和拳事起，先擬游說兩江總督劉坤一舉兵援京，而劉欲與鄂督張之洞同舉。之洞故狡猾，才常領鄂湘之眾欲以力脅武昌，令林圭主武昌事；吳祿貞、徐懷禮、蔡鍔、范源廉、羅昌等往從梁啓超策應，其奔走附助者，皆前時務學堂高才弟子也。時有秦力山者，恃勇不量力，不受令，先舉兵于大通，兵敗事洩。林圭恐難久待，促才常自滬來漢，事爲張之洞偵悉，遂于七月二十日在漢被捕，二十九日①戮于武昌。林圭、李炳寰、田邦璿、王天曙等三十人同日死焉。先是林圭網羅俠客有四人，已登督署屋瓦，先君電止之，謂吾黨欲效日本義士之脅薩摩長門侯，藉其力勤王，宣大義于天下，非欲除之，嚴戒勿行，而才常卒不免于難。是役自道員至諸生死者千數，而湖北、湖南、安徽、廣西、廣東五省株連而死者，尤不可勝算。先君聞耗大慟，此後不復再言兵事矣。之洞文告稱才常爲會匪，以三萬金購邱菽園。先君在星加坡致書斥之。

七月朔，有刺客到埠，欲進害先君，乃偕梁鐵君等移居丹將敦島燈塔。十五日，英督亞力山大以輪來迎，同往檳榔嶼。館于督署大庇閣，供奉甚盛，避地閒居，惟日以著述自遣。自本年七月英海門總督亞力山大館先君于大庇閣，居十五月，至辛丑十月始去。是時廢立難作，京邑邱墟，霖雨淋道，勤王不成，所有憂憤之作，都爲《大庇閣詩集》凡一百四十七首。

十月，先君致兩江總督劉坤一書，勸其討伐那拉氏北上勤王。

《南海康先生年譜續編》康同璧 1958

8月27日 梁啓田抵達舊金山，擴大海外華人對維新改革運動的支持。②

---

① 唐才常 1900年8月20（七月廿七日）晚被捕，次日被害。《南海康先生年譜續編》有誤，校改。

② "Chinese Gospel of Reform", *The Topeka State Journal*, Topeka, Kansas, August 28, 1900.

1901年（光緒二十七年辛丑）44歲

光緒二十七年辛丑（一九〇一年）先君四十四歲

正月，先君居檳榔嶼英總督署之大庇閣。節署前道遍植大樹，似榕，經年皆花。時時換葉，花在樹頂，黃細如散花，望如黃雲，惟一日即落。先君席地其下，花滿襟袖遍地，惜光景甚短，名之曰"一日黃"。聞日本品川彌二郎子爵病逝後，追念昔在東京箴規援助之德，賦詩志哀云："尊王講學生平慼，比擬深慚似吉田。"子爵曾以日本維新元老松陰譽先君云。

二月，《中庸注》成，并爲之序。

四月，先君經戊戌、庚子之難，積憂多病，同璧在香港，聞訊特來檳侍膳。同璧以髫齡弱女，遠涉重洋，天倫重聚，啼笑皆非，其感慨當如何耶？

六月，補撰《春秋筆削大義微言考》成，并爲之序。

八月，移居檳嶼山頂臬司別墅，面臨山海，聊以解憂。惟檳嶼地暑多瘴，不適養疴，乃居印度雪山中。且以印爲大地第一古國，舊教如廓，而英新變政，必有可觀益吾中國者。同璧亦堅勸行，乃于十月二十七日離檳，乘船赴印度。同璧、婉絡等同行。先君自辛丑十月入印度，居大吉嶺，築草亭，名"須彌雪亭"，至癸卯四月行。在此時期所作詩，都曰《須彌雪亭詩集》，凡九十首。船行檳椰嶼，回望全嶼，蒼蒼山脈，自後直入，橫列如屏，前鋪坦地，雄秀獨出，又握孔道，宜爲南洋之巨埠也。自隋、元兩朝征爪哇，明鄭三寶下南洋外，鮮有過之。中國泥古少變，不講殖民之學，久設海禁，故坐以南洋之地讓人也。感喟不已。

十一月二日，入河口，晚抵卡拉吉打，人烟稠密，爲印度第一都會。五日，請領槍枝執照。六日，應英巡撫茶會，獲見印王官吏百餘人參謁之儀，并游畫院、博物院。十三日赴阿伯伯原，原擬在此養疴。及至，并無雪山，土墻茅茨，了無可游，乃登塔題名而去。十四日，至丫忌喇，遙見高塔三座，聳立雲霄，于平臺上復作大圓頂，高數十丈，旁用四柱矗插天表，印名他治，蓋冕之義也。旋訪沙之汗后陵，瓊樓玉宇，碧落煙雲，花影樹陰，離離相望，費金數萬萬，築十二年始成。印度宮室之美，誠開泰西之先，吾中國亦莫及焉。十五日，游紅堡，即蒙古王故宮，廊殿柱瓦，全用白石，略如吾國太和、保和兩殿，而階則極盡奇麗之能事。車過紅石炮臺，女墻作圭形，森峰高矗，蓋七八丈，下臨恒河，名飛家拔士。四百年前，蒙古帝之禁城也。元太祖成吉思汗使財駙帖木兒攻印度，即王其地，歸途題摩訶末大廟一絕："遺廟只存摩訶末，故宮同說沙之汗。玉樓瓊殿參天影，長照恒河月色寒。"

十六日，訪昔根嘉頓厄渠巴路沙之陵（沙之汗之孫），爲明嘉靖三十九年造，亭塔數十，遠望之如赤城霞起，即古之舍衛也。十七日，至乜刀喇二地，皆無佛迹，僅游波羅門天神廟，購古經三卷。十九日，到爹利，河山環繞，氣象萬千，此地一片佛土，四爲都會，其城屹然，與我禁城相比，尚有京都之感焉。遍訪佛迹，土人皆不知其名，博物院中佛像竟有謂其支那神者，以佛生長之地而謂爲他國之神，豈不哀哉。賦詩曰：

　　　　黃面黑足披白氈，塵沙遍地來乞食。當時瞿曇率徒游，而今掃地無佛迹。緬甸暹羅家家事，西藏蒙古人人祀。旃檀莊嚴共泥首，支那日本同奔走。豈知佛生中印度，千里無僧無一封。但見恒河東流水滔滔，摩訶末寺插天高。婆羅梵志苦身軀，裸體仰天卧泥塗。供祀妖像羊與猪，馬身象首塗粉朱。人持香花與燈俱，白牛入廟膜拜咨。獮猴千億雜人居，施以豆麥走群狙。形俗愚詭可駭吁，如入地獄變相圖。遍尋佛教萬里無，成住壞空本非相，億劫變幻只須臾。嗟爾象教浩大亦滅絕，何況人家朝代國土之區區。固知教宗無美惡，視乎人力爲張弛。非道弘人人弘道，可鑒可懼可驚惺。悟入諸天更無著，明月照我自清娛。此月曾照瞿曇面，諸聖河沙皆曾見。今我感愴人間世，劫無免者如水逝。高天蒼蒼，大地搏搏，歎大地之無礙，乃諸天之常存。

　　二十日，游颯德利静陵，登靈鷲峰，至祇園舊址，但見頹垣斷礎，凄凉滿目，夕陽芳草，無像無僧。導游者指壞殿而言曰：此二千五百十二年前之佛所築講堂也。又指殿上鐵華表曰：此一千五百十二年阿育大王所手植也。始知此地果爲舍衛，即須達長者昔日布金之地。此堂即諸經所言祇樹給孤獨園也。華嚴彈指皆在敗壁頹垣之中，大教經劫，爲之哽咽，撿其遺石十數枚以歸。自法顯、三藏後，千年來華人來此者，先君一人而已。二十三日，赴勒橈，至霸拿士觀古佛塔。二十七日，去衛亞訪伽耶靈塔及

1901年（光緒二十七年辛丑）44歲

佛晏坐説法處，蔭佛之樹，青綠猶新，寺僧餽以古佛二尊，經幡數事。先君與同壁手摘菩提葉十數，視爲異寶，環繞樹下，意境峭然，如見當年佛坐禪時，天花亂墜法雨繚繞時也。是行也，夜半失踪，迷途遇盜，又聞虎嘯聲，父女相依，悽惶萬狀，幸寺僧遣人護送，始遇救。先君得詩十二首，叙其經過，今録其四：

須菩提手所經營，鷲嶺移來久聽經，到今二千五百載，魯叟當年猶未生。（所檢柱石係須菩提長者自鷲的嶺移來者，約當春秋僖公十八年，孔子生前九十年。此石還中國，除石鼓外，當爲第二古物）

樹下青青一片石，當年晏坐落天花，臺前石鏡摩挲遍，佛影長留識妙華。（佛坐背後，石極滑，佛影尚存，樹下黑石乃佛坐處）

我來印度訪佛迹，只此猶留丈八身，夢如漢明知此是，撒花供奉雨繽紛。

絶域深山宵失道，狼嗥虎嘯風阻人，弱女抱持行半夜，驚魂又作再生身。

二十九日，返卡拉吉打，直往大吉嶺而卜居焉。乃就日月所游，述其所見，著《印度游記》，并爲之序。

十二月十日，子同吉生，未彌月而夭，葬于大吉嶺。

《南海康先生年譜續編》康同璧 1958

5月30日 徐勤抵達美國舊金山。[①]

[①] "To Study Culture of the Americans", *San Francisco Chronicle*, June 1, 1901.

1902年（光緒二十八年壬寅）45歲

光緒二十八年壬寅（一九〇二年）先君四十五歲

春間，先君在大吉嶺，得佳屋于翠崖，除林中築草亭，開曲徑、設竹棚，作柴床、薙草，名其亭曰"須彌雪"。

自大吉嶺攜同璧乘馬游須彌山，行九日，深入至哲孟雄國之江督都城，英吏率國王迎于車站。至王宮，出其妃子相見，衣飾鏤器皆中國物，并以貝葉經、酒箭相贈。先君解帶答之，同璧亦以指環贈其后。

南北美洲諸華商來書謂：義和團事平已半年，而西后、榮祿仍握大權，内地紛紛加稅，民不聊生，保皇會備極忠義，而政府反以爲逆黨，事勢如此，不如以鐵血行之，效華盛頓革命自立，或可以保國保民。先君則以革命不成，全國必將割據，或旦爲印度之續，發表最近政見書告之。

三月，《論語注》成，并爲之序。

七月，《大學注》成，并爲之序。

八月十三日，《六哀詩》補成。先君自戊戌之秋，維新啓難，光緒幽囚，鉤黨起獄，四軍機章京楊銳、劉光第、譚嗣同、林旭，御史楊深秀及先叔廣仁棄尸柴市，天下冤之，海外志士至誠，皆爲設祭，停工持服。蓋戊戌變法之事，爲中國新舊存亡所關也。六烈士者，非先君之友生弟子，即先君之肺腑骨肉。流離絕域，嘔血痛心，兩年執筆，哀不成文。辛丑八月十三日，先君奠酒于檳榔嶼絕頂，成《五烈士詩》。海波沸起，愁風飆來，哀記亡弟，辛不成聲，擱筆三年，今始補成。

十一月十二日，命同璧歸國省親，并赴歐美演說國事，爲提倡女權之先聲。當時先君有詩十首送勉同璧，今錄其五如下：

汽車飄瞥去，轉瞬没孤烟。送汝唯雙淚，思親又五年。長安幽失日，大浸冥稽天。家國無窮恨，都來涌眼前。

美歐幾萬里，幼女獨長征。豈不憐孤弱，其如哀衆生。流涕言故國，哀激結名卿，女權新發軔，大事汝經營。

民權乃公理，憲法實良圖。此是因時藥，真爲救國謨。光明布宗旨，感激爲馳驅。聖主猶無恙，蒼蒼意豈無。

波濤太平海，還港半郵程。破浪翻雄志，全身念所生。在家殊作客，往事異談經。驕吝宜淘汰，無存兒女情。

絕域吾垂老，雄圖空自嗟。艱難思舊國，涕淚落秋茄。頭白須彌雪，心搖躑躅花。別離孫抱兩，惆悵未還家。

十二月，遷居公園側，花竹尤幽。

《南海康先生年譜續編》康同璧 1958

1月8日　返抵加爾各答。

1月20日　到達大吉嶺，專心著述。

是年在大吉嶺，完成《大同書》，撰《大學注》、《禮運注》、《論語注》、《官制議》等書。

5月13日　寫信給加拿大總理關于移民事宜。①

8月18日　壬寅七月望，在印度。

9月　騎馬行九日到訪錫金首府甘托克，會見國王和公主。

11月10日　康有爲致李福基書：商會爲今中國自振利權第一事。②

此事爲兄提倡最注意之事，實則商會爲今中國自振利權第一事，爲同志發財第一事，爲吾保中國皇上救身家第一事。凡事認定第一義，則可決定竭力以圖之；其有未合，則委曲以赴之。要之，神不外散，全心注定，大聲疾呼，則必大成。

12月29日　改良去弊；合大群以振國恥，吾會可先爲之倡；欲求美國不禁華工，此爲要事。③

兹接康南海先生來函，照錄呈覽。

得十月來兩書，備知各情。貴埠及各埠力賑，故□足見大義。調和蔡、蘇之案，足見睦情。灣高華會所克成，足爲倡首，以團熱心。于是美東各埠聞風興起，爭先恐後，并來趨赴，全美動風，皆由吾國同胞人知愛國之心，家勸恤鄉之義，道德日啓，文明日進，義心日動，國力日厚。鄙人聞之歡喜無涯，而倡率諸君之高義大纘、義心仁術，真令人傾倒也。凡人全

---

① 1902年5月13日，微縮膠片。致加拿大總理信件，發信人：康有爲。內容：關于東方移民問題。英文信件。
② 《致李福基書（＃546）》，《康梁與保皇會》。
③ 《致李福基劉章軒等書（＃550）》，《康梁與保皇會》。

在自立，能自立者，不爲人凌鑠矣。人既有立，國亦宜然。方今吾國人被凌于外國由國弱，亦略由吾同胞團力不熱、文明不高、義心不動所致。今吾會既倡，而美人禮待，銀行不取電費（指大埠賑款），足見彼等待我之程度少優。後年是中美商約期滿之時，吾同胞及時團結，及時講求，凡吾人文明之度有不如美國人者，速爲改良去弊，務令彼國無弊可指，則吾等内之團力足以救國，外之文化足以抗人，或可免見逐種種凌辱之弊害。凡事求之己而後求之人，即今之保皇會之成效大驗可見矣。及今團力之熱、志趣之高，乞同胞垂意焉。今略指示一二事如下：

其一，污穢之弊。美國人率以此議我人，而吾人亦實所所（有）少不潔。此最小之事最易改者，望吾同胞留意。譬令煙展人與吾人同食，吾人必畏之，以此可推矣。一、望于唐人街多行打掃至潔，以街道最易動目也，一過即見之。去年金山大埠醫生以藉口可見。一、望衣服、鞋帽加以整潔。西人不知我情，以此定人高下。若衣服不潔，必爲鄙賤。一、須、髮、手、面皆須洗剃潔凈。西人極講求此事。若鬚、髮鬆長，面手污垢，必爲憎厭。一、多洗身。宜吾人自設洗身館，同人每人日浴，少亦須兩日一浴。聞西人以吾中國不洗身，甚爲惡之。一、潔凈室屋及飲食起居。西人下等者，室亦甚潔，故多惡吾人，致不齒。今南洋各等德國艙不許答（搭）中國人。因此，以上皆極易改者，吾中國人爲此不齒于西人，甚不值也，望立會改之。

其二，相打殺之害。各國皆講合群而親其國以爲同胞，從未聞言于一國中但親一鄉一邑而視他邑如仇敵者，況今在美者皆廣東人，于同國中已最親乎？而吾國人乃于粤東中分三邑、四邑，又于新寧中分陳、余、黄、李，又于一姓中分房，其異宅異姓異房者，視若仇敵，不力思合大群以抗他種，乃于黄帝子孫中互分畛域，日事仇爭，一言之忿，白刃相尋。以同種内争爲事，而不顧外耻；以兄弟相殺爲業，而不思合群。不只兄弟閱墻，外禦其侮，但令白人冷笑，更以爲無教之民、野蠻之狀，更足以羞同種而以賤辱矣。夫西人以爲治野蠻者不用平等待之，此猶吾等日食雞魚，何能平等乎？同胞之受人困辱，不比人數（類），亦由此故。望有此者，同胞以爲大耻。昔日此時由中國自以爲天下則外無所爭，只有兄弟內爭。今日萬國既通，中國只爲一國，當從新合大力以抗外，不當如前念小忿而內爭。欲求美國不禁華工，此爲要事矣。

其三，多開文明之會。凡讀書、閱報、講求時事、講求新法、激勵義心，皆賴同群，淺以成淺，深益見深，必當令吾同胞日有益于光明，庶幾進者益進。凡國之強否，皆視國人文明程度之高下。優勝劣敗，自然之理。此吾同胞宜共勉也。今吾會既遍于美國全境，明年當合大群以振國耻，吾會可先爲之倡，各人自隨風而動。此眞吾會之大責任也。今賑恤粵災，內地望風而動，知吾會之義；外埠互相救助，又知吾會之各情。似此合大群、成大熱，他日即爲救種之基矣，惟各同胞勉之。今日基址極厚，眞不可失也。

一，商會，望各努力。此爲救國之根本，亦同志發財之大機會。中國全國一大金山，切勿盡捨送于外人也，望各盡其心力。

一，現下消息既佳，宜聯名請歸政，以鼓動內外之人心，所謂因勢于機也。

二埠保皇會來書，言賑粵及會所事已成，具見義熱。

均此敬復

福基、章軒、惠伯、祐樞列位仁兄、各埠同志義士兄均鑒

十一月三十日　有爲　頓

12月11日　康有爲命康同璧游學美國，興女權，主紐約保皇會。康同璧離開大吉嶺。

1903年（光緒二十九年癸卯）46歲

光緒二十九年癸卯（一九〇三年）先君四十六歲

正月，大吉嶺大雨雪，與外方消息斷絕，臥病將絕糧。

四月，先君自癸卯四月出印度，漫游緬甸、爪哇、安南、暹羅，還港省母，遂游歐美十餘國，至甲辰還美。在此時期內，所作詩，都曰《逍遙游齋詩集》，凡一百二十六首。茲錄大吉嶺寫景詩二首。詩曰：

廿里環山路繞闐，真成七寶鐵圍山。百亭排几危崖上，萬木驚濤曲徑間。上下樓臺占邱壑，億千燈火綴煙鬟。月明扶杖尋幽去，白道迷雲夜不還。

大吉山巔踏月行，百盤磴道頂長平。引攀霄漢青天近，隱見須彌白雪橫。煙霧重冥雲四合，樓臺千萬火微明。神壇白塔風旛動，獨立蒼芒問太清。

是月，聞榮祿死，海內外舉酚相慶。乃辭英人保護，自印度出，漫游緬甸、爪哇、安南、暹羅各處。臨行賦詩曰：

鬱鬱久居此，蒼茫只問天。黑風吹忽散，孤月影將圓。佛土行三載，亡人幽六年。逍遙歸去也，故國整征鞭。

先君以榮禄死，德宗無恙，前在歐、美、澳、亞、非諸洲各大埠設立之保皇會已風起雲涌，國内外民氣亦漸次發達，可以徐圖立憲矣，乃易保皇會名爲憲政會。

六月，至緬甸，游仰光黄金塔，并觀蘇拉派亞火山。

七月，至爪哇，開報館，立學校，到處演説。并賦詩二首。鄭和以後，士大夫至南洋者屬先君矣。詩曰：

史萬歲誇廿萬里，鄭三寶身入南洋。中華士夫誰到此，我是開宗第一章。

學校手開三十餘，授經傳教遣吾徒。佹佹弟子三千衆，西蜀文翁豈可無。

九月，歸香港，官制議成。先君謂中國官制爲最不善，欲中國變法，非先變官制不能爲功。分者當極其分，宜行地方自治，合者當極其合，宜行中央集權。中國督撫之權太大，乃至養兵籌餉皆自主之故。户部無籌餉之權，兵部無練兵之權，理財無方，盗賊蠭起，國之不强頗由此故。擬分内部、藏部、理財、民業、交通、文事、武備三十餘部，掌理國家大政，而遼、蒙、回、藏四地，地方遼闊，應如英之加拿大、澳大利亞，設一總理大員以專事權焉。

《南海康先生年譜續編》康同璧 1958

正月 大吉嶺大雨雪，與外方消息斷絶，卧病將絶糧。

1903年（光緒二十九年癸卯）46歲

3月4日　梁啓超奉康有爲之命到達温哥華。①

4月14日　《論語注》序于哲孟雄國之大吉嶺大吉山館。

5月1日　出印度大吉嶺。

5月4日　離開印度加爾各答，游緬甸仰光，檳榔嶼、吉隆坡、雅加達，到達香港。著《論強國富民之法》②、《緬甸國記》。

5月7日　康同璧抵達加拿大維多利亞。③

5月　作《保皇會草略章程》。④

一、本會專以保全中國爲主，蓋中國危弱，欲保身家非保國不可，欲保中國非保皇上復位不可，故本會名保皇。

一、同爲中國人，宜合一大團體，不必再分畛域疆界，不論何省、何府、何縣，皆當合而爲一以愛國。若稍分畛域，則互相攻擊，兄弟鬩牆，幾成異國，我會同志皆宜力戒合一。

一、本會同志以團合一體力救君國爲主，即當各竭心力。

一、本會各節皆于英美等地方官注册，仰光照辦。

一、本會已有百四十餘埠，當互相通信，互相通識，以便聯絡。其于總會當每月通信，其總理、值理當互相寄像，以便相識。

一、本埠值理同志當德義相勸，事業相薦，患難相恤，吉凶相弔賀，另見各埠特別章程。

一、各埠各會，各公舉總理、副總理、值理、協理若干人，悉照各國例公舉。其創會時，權宜公舉運動有力者。

---

① 1903年3月3日，梁啓超游歷美洲，一行人乘印度"皇后"號抵達温哥華。梁啓超，新會（茶坑）人，三十歲，五英尺五英寸高，從橫濱上船，他的隨行自香港上船；黃慧之，橫濱出生，二十四歲，五英尺五英寸高；鮑熾，香山人，四十六歲，五英尺四英寸高；鮑文昌，橫濱出生，十七歲。3月15日退還他們交付的一百美金的人頭稅。美國移民局文件：微縮膠片C9512 e0060668。

② 康有爲撰，姜義華、張榮華編校：《康有爲全集》第七集，第201頁。

③ "Tosa Maru Arrives," *Victoria Daily Colonist*, May 8, 1903.

④ 1903年5月4日，康有爲出印度大吉嶺，赴緬甸仰光，爲開設仰光保皇會而作。仰光保皇會、中華學堂成立于康有爲仰光演説大會當晚。

一、各會當立管庫、管數、中西文書記人,由衆公議。

一、各埠各會當各立會所,隨時演説,或逢星期日演説,以激勵忠義,通曉國事,俾智識日開,熱心日盛。其會所多置報紙,以廣見聞。

一、入會者捐仰銀十盾,給予收條。其有力之人,各竭其力,本會刻三連票,發回入會收條爲據。

圖25 1903年10月17日,温哥華保皇會總會所落成

一、會款寄還總會,以辦救君國之事,其應分留成數,以爲本地會所辦事之費,酌議。

一、會款旣多,立學堂、興医院,可辦一切善舉,隨時公議。

一、各埠不相通,則商務難興,各埠互通信後,所有各埠商務,可隨時函商查問,以便興辦。

一、捐款多者,過千百以上,將來奏明,賞給銜名,或爲公債。

一、總局設于香港、澳門,以便辦事。

一、此爲總會草略章程,其各埠各會另有章程,各聽公議。

10月17日 會所先聲,加拿大温哥華保皇會所完工。[①]

保皇會之創立,首推加拿大,而會所之先成亦推加拿大,愛國熱誠端賴此輩我同人所當圭臬之尸祝之者矣。頃得該埠惠函具柬速客準于中曆八月二十七日,會所告成舉行大典禮,千里貽書高情厚意,還以自鏡我檀謂何?

10月23日 西雅圖10月23日的一則報道説:"將組織一家

---

① 檀香山《新中國報》。

資本爲兩千五萬美元的公司，總部設在香港，其美國辦事處設在紐約。該公司的首要目標將是促進中美貿易關係，該公司將頒布改革者的理念，并致力于和平改革中國政府的事務。"

西雅圖的華商對這件事非常感興趣，而華昌公司的吳根則在兩周內去香港協助組織工作。于12月下旬在香港舉行一次會議，以影響該公司的組織，并選出其人員。

10月 歸香港，《官制議》成。

1904年（光緒三十年甲辰）47歲

光緒三十年甲辰（一九○四年）先君四十七歲

正月，先君在香港侍母。

二月六日，再游海外，乘法國船自港行。十二日，過安南。

三月十二日，適暹羅，其總督本中國人，敬先君變法圖強，待以殊禮，以王者之象輅駕乘，車行道上，吏民皆施敬禮，并攝影留念。十八日，抵檳榔嶼，因事少留。

四月十二日，乘英船放洋。十八日，至錫蘭。乘"易孖摩拉"號船赴歐，廿五日晚六時，望亞丁山勢若火，聲特絕倫，英人鑿山築壘，扼險以瞰海道，令人可驚，追思所過要地，凡錫蘭、檳榔嶼、星加坡、香港將二萬里，皆英壘也，爲之歎息。次日下午四時，到丕倫，過此即紅海，兩岸火山，右平迤而左峭拔，波平如鏡，與日本九州海內風景略同。三十日夜，抵蘇彝士河。

五月一日，行運河中，三時抵鉢賒，爲蘇彝士北口盡處。搭易意船"埃詩士"號赴意大利。初三日至布連的詩，過地中海時，先君望古思今，臨波而歌。

十二日，游愷撒古墳。十三日，游王宮、邦非爾宮、議院、大學等處，并購羅馬瓦石數十物，及安敦像寄還中國。羅馬古物入中國，自先君始。有詩。

1904年（光緒三十年甲辰）47歲

十六日，赴瑞士。自呂順湖往奧地利國，翌晨抵奧都維也納，又曰灣京，其氣象幾與巴黎相比。先君著《灣京詠》以記其事。

十九日，乘車赴匈京，標得卑士為歐洲第二勝地。人物明秀，艷麗照人，長橋臥波，樓閣聳翠。游宮室議院及百戲場畢，即返巴黎。游乾那花利博物院、恪順伯博物院，過路易墳、那打櫨泵古廟。又游微賒喇舊京、路易十四故宮、烟弗列武庫，觀其武器精粗進化之迹，并于二十七日登汽球，升至二千尺，俯瞰巴黎紅樓綠野如畫，自謂神氣王長，羽化登仙矣。旋赴英倫小住。

二十六日游丹麥，小門生羅昌，讀書牛津，偕往。

二十八日抵丹京，游博物院、古物院各處。

七月二日，約見丹麥首相兼外部大臣顛沙，自言彼未嘗見中國婦女，及晤同璧，喜甚。相談甚歡，謂其有似西班牙婦女。六日，乘汽船赴挪威，兩岸數十里，島嶼相夾，綠樹芊綿，紅樓相望，風景至佳，憑欄飲酒，復得鮮蝦，與同璧及羅生昌對酌而樂，是時已有相攸之意。先君口占七律一首，示羅生及同璧。

是日午後三時，到挪京哥士遮那。七日，游公園，登高塔俯瞰全城，一一在目。八日，晚乘車赴瑞典，次晨至瑞典士多貢。十一日，得翁同龢師相五月凶耗，望海濱隕涕，不意黨禍竟成永訣，賦詩以哭之。

十二日，移居稍士巴頓大客舍，有湖島焉，仙山樓閣，花木扶疏，松翠波光，茂林雲影，時攜同璧扶杖行遠，偃石聽濤，更闌未覺，幾忘人世。同璧因請息居于此。先君嘗慮中國危亡，黃種滅絕，苟能國立種存，何憚勞心苦志舍身以殉。東坡曰：我本無家更安往，臨睨九州，回首禹域，悽愴傷懷，故鄉其可思兮，何必懷此都也。留連竟月。

八月初，自瑞典馬兒磨海口渡海，還丹麥，游柏林，遇戊戌六烈士蒙難日，先君在客舍釀酒以祭之，祭畢，往比利時。四日，至比京。十七日，游滑鐵盧，平岡斜繞，廣原迢遞，長松成行，直望十里，有古战場焉。詩以吊之。

十八日，赴荷蘭，道路整潔，田疇平直，嘉樹夾道，樹影遮天，牛羊被野，樓閣新覯。先君有詩美之。

二十日，回英倫，宿于仙控住公爵邸舍。樓閣華嚴，園林之大，冠于英倫。蓋千年諸侯舊邸，其先世隨威廉入英者。此宅又爲克林威爾舊第，英王嘗幸之。公爵以英王卧榻浴室款待，加殊禮焉。

九月二十六日，自利物浦渡大西洋，重返加拿大。

十月八日，到曼梯柯，轉赴灣高華。是夕，先君在客舍大廳講演合群愛國及商會農工學校事，在座千人，肅靜無嘩，與五年前較之，迥不同矣。二十九日，重游文島，徘徊故宅，頗有蘇武毡盧之感。先君自本年六月由香港放洋，共歷意大利、瑞士、奧地利、匈牙利、法蘭西、丹麥、瑞典、比利時、荷蘭、英吉利十一國。凡其政教風俗文物無不考察備至，不願自秘，先疏記其略，著《歐洲十一國游記》，以告國人。自喻爲廚師，請同胞坐食焉；爲畫工，請同胞游覽焉。書成，自爲之序言。

十一月，至灣高華，小病，卧于山中，重游嬉理順溫泉，湖溪泛棹，幽懷無已。除夕，卧病未愈，追思故園，得詩五首。

《南海康先生年譜續編》康同璧 1958

1904年（光緒三十年甲辰）47歲

2月 康有爲在香港侍母。

3月7日 保皇會大會在香港舉行，討論商業公司的組建及海外保皇會助軍餉，聯日拒俄，恢復東三省。

徐勤寫給譚良信[①]中闡述了此次大會主要討論的議題，"長者已到港，十二月便大集同人會議其事"，墨國殖民，商會招股，來年辦廣東公學，新加坡辦一日報等，以及"近日謠傳中俄開仗之事必不成。然東三省已失，各行省隨之矣。瓜分之局，朝不保夕，吾黨當共勉之，以爲圖存之計"，都是此次保皇會大會的主要議題。

港中于正月廿一日開大會，已紀千年前報。茲聞各埠代表人，到會者皆蒙康會長各贈以銀牌以爲辦事熱心之紀念。商會各員則已公舉徐士芹、梁啓田二君爲收銀員；壽文、叶惠伯二君爲管銀員；王公佑、康季雨二君爲核數員，經各埠代表人共同簽名認允。同時又舉大埠羅伯棠君，舍路埠胡拔南君，雪梨埠鮑熾、歐陽度二君爲商會議員。聞集會時規模嚴肅，條理井然。總會已定，俟各埠商股收齊，即于各埠設莊口，一律開辦矣。諒各埠同志辦事熱心，當必踴躍，會繳股份，不至使前途辦事者障難。[②]

海外保皇會呈請代奏請戰文

具呈美洲加拿大：域多利、灣高華、二埠、孟士丹臣、老埃崙、企李活、占美利市、李地士蔑、乃磨、天寅、米鴉士級、作隙、加士隙、加蘭福、爾利臣、章臣、六士磙、企連活、洛隙、章利士、錦磙、笠馬士篤、士波崙、那士邊、參臣、美臣、厄緊士、火者、雲寧、根舞、煙利西、俄崙、寬利、麥巧婁、卡忌利、巴父、柯地華、滿可地、宙卜、火士

---

① 《徐勤致譚良信》（1903年11月23日），載方志欽主編，蔡惠堯助編：《康梁與保皇會——譚良在美國所藏資料彙編》，香港銀河出版社2008年版，第132頁。

② 紐約《中國維新報》第8冊第14版，光緒三十年三月十四日（1904年4月28日）。

梯、車厘歪、賀士隙；金山：大埠、屋崙、羅生忌利、梨頓、惡頓、拍雪地、爹口市頓、砵崙、亞士多利、砵黨順、舍路、益加磨、貓雪地、笠榮士頓、波士文、美士文、美所罅、快氈利、氣連拿、卑令士、美利士頓、貝士雪地、爹崙、散波、科品頓、保罅、嘮巴、加利、士披、士卜堅、抓李抓罅、迪活、宙哈、梳路力、波士頓、碧加雪地、片利頓、必打、委市、坦令頓、喜利、所筍、博結士、費城、哈佛、沙爹、墾士、梳絡力雪地、散波、洛士丙令、剪化、科呼、堅士雪地、夏利佛、努約、必珠卜、檀香山、墨西哥、個郎、巴拿馬、山沙威度、散島、煙灣拿埠、廉麻、利巴、砵路非；東洋：橫濱；南洋：仰光、華城、暹羅、安南、加厘、吉打、哥林埔、亞士、孟加拉、茂密、日惹、羅疏、蘇拉拜亞、巴蘇溫、萬隆、三寶壟、錦石、井里文、泗水、巴城；澳洲：雪梨、烏絲綸、美利畔、普埠；西澳省；南非洲：砵衣厘是等埠，保皇、旅、商、民等。

爲强俄橫占東三省，日本助師，中立可恥。國民憤怒，願助軍餉，乞聯日拒俄，以恢復東三省，而免瓜分。謹合口叩口代奏事口口口國勢危弱守舊不自立而議者多謬以倚俄爲口始，則誤以東三省萬里之鐵路與之，則穿洞復心口問迫以旅順第一之險要與之，則盡失門户，馴至庚子年大變藉端。駐今口陪京見襲百官幽廢。近世歐洲滅國，多用陰險之法，以行其奪取口謀，但取其兵權、政權、利權，以漸而進。鐘簴無驚，廟社如故，百官陪位，君主世守，國民不知其亡，而山河暗易，氏種永夷矣。如法之于安南、荷蘭之于爪哇，至近而易鑒者也。即使國土廣大，不能驟滅，而突厥北割于俄英法意奧，雖救之，然奧取其赫次戈，英取口毛魯塌島，波斯取科托，希臘取其白海，突厥遂衰。蓋未有我無兵力，而專藉依護于人，而可立國之也。乃有日本以患俄南侵之故，昔歲發憤奪我遼以防俄，俄乃奪之日本之懷中，而自取之故，日本人懷憤心，家舍積怒，婦女助餉，人士請纓，政府不能遏之。遂興師助我，一朝决裂，如報私仇。項聞大破俄鐵艦，截斷俄鐵路，憤兵□□勝勞可操。而我作主人聽强敵鬭于境中，我龍虎争于户内，乃反佯爲高卧，若作癡聾。試問東三省是何國之境土，興京、盛京是何國所發祥？豈有置此不顧，鼾睡坐視者乎？稍有廉恥，不當置國土于不聞，少有人心不當，置祖宗于不顧。從來波蘭之慘狀，猶太之苦況，緬甸、安南之哀情，國民憂之苦之，寧顧肝腦塗地，脂膏蔽野，而不甘受奴鬻者也。若□我兵不練，彽不足審量，彼一國敵强俄，或暫□隱忍，則近年外患□矣。甲申馬江敗後，何以不整我兵戎，甲午遼、臺割後，何以不振我武旅。近者庚子敗後，京邑破毁，乘輿播遷，乃至素衣將敝，豆粥難求，國土幾亡，大寶幾失，禍難不遠，豈其亡之，何以歌舞，則能而練兵□，不能也奔亡，則無恥□自强自立則以爲恥也。身□大創，猶不懲艾，及遇大變，只有畏縮。豈知畏縮于一强俄，而萬國之强俄無限，甘讓東三省，而十八省之割讓，相反均之必亡。孰若載猶有望乎？竊謂今日戰有必勝之道已失之，東三省有可必恢復之道□，設言之今之議者多以俄國龐大，震其虛聲，甚至舉國消縮，無敢言戰者，竊以爲此大誤謬也。夫東三省之□久在俄範圍之內，我戰敗，固失不戰，亦失今之籌國者，其精神顧慮，度必非爲東三省謀，不過遠慮七省之海疆防禦，爲難近慮京師之密邇震驚易及，故苟且偷安蒙恥坐視耳。豈□海疆全藉鐵艦。今者俄艦多喪，其猶有出没者，氣已先奪，亦爲日本截擊一敗之後，聲威皆挫，復安有餘力擾我海疆乎。此七省之不足慮者一也。

旅順被攻，俄方悉全力以拒日，斷難分大兵以襲我。昔者以八國數十萬之兵猶能拒之兩月。俄果分偏師以襲我，亦何能爲自奉天至京師中隔出海道□□千，且有袁世凱、馬玉崑之重兵當之，豈能飛渡，此京師之不足慮者二也。

若慮俄人或侵我蒙古、新疆，我□□□部內備空虛，恐其鉤致蒙人，致陷邊境，豈知俄人既傾西伯利亞全力于遼東，亦安有餘力以窺我蒙回哉？即使果分兵入寇，其力極單，山澤崎嶇，□延萬里，運致餉械，備極艱難，即能運至，亦已無多，又何難拒之哉？縱慮我蒙回軍械太少，兵不素練，自知力薄，深恐輕啓邊患，慮失封疆□。蓋未通中外大局者一隅之見耳。昔意大利以新合之國，與強奧戰，兵挫地失，而是時德實援意，卑（俾）斯麥以後膛槍之□□□□，而九破奧國于滑鐵路（盧），奧國乞和于德，既補巨餉乃并□所侵意國地面，并反之□則我蒙回長邊，縱有喪失□本憤□□□勢我又助之，雖弱猶強，其勝可。他日俄賠巨款，亦□返我蒙回之侵地。若能知此內外無顧，然北進而戰俄，有必恢復東三省之勢，退而中立有必瓜分中國之憂。孰得孰失，何去何從，不待智而決矣。此蒙回西藏之不足慮者三也。

若慮藏邊空虛，強俄窺伺，豈知近□□大相持必留甌脫。瑞士、比利時、荷蘭、丹墨之能自保全；阿富汗、廓爾喀、暹羅、高麗之得□殘喘穢地之由故英國。而俄窺發即築藏邊山頂之大炮臺，近且深入其阻以先相抵制□，俄安能獨據我衛藏哉？此□藏之不足慮者四也。

京師各邊外患內憂，然則一時決得失之，仍不過東三省而已。夫東三省實已盡爲俄□矣。權力盡失交，地利盡去□，我戰而敗，不過如今日之邑□俄據。我戰而勝，則籌取于強俄而恢復之。以今日之形勢，策之有可恢復東三省之□焉。俄兵外屈于日，熊形而勢露矣。俄兵在東三省號稱十萬，實不過八萬耳。兵餉極薄，其在營口也，乃至爲人□錢雇工，若夫紀律不嚴，奪掠四出，奸淫無忌，目多不識字，甚愚且蠢，其去我國之練兵或尚不遠。竊聞英兵官昔戰于京津者，□稱吾兵耐勞敢死過于歐人，然則亦何必一敗而過□怯乎？今以江南、湖北、

1904年（光緒三十年甲辰）47歲

廣東、直隸四省練軍，深類洋操者亦近十萬，俄既盡力□拒日亦何能分力以拒我？我如密遣人分頭斷其鐵路，所斷既多，補築無從，則彼西俄雖有百□強兵與精器利械，無從運至□，後選遣熟于東三省事者，若袁大化、程德全之流，統兵先導，而袁世凱、馬玉崑以大軍繼之，與日本表裏夾攻，破之可必先斷其旅順之後路，繼取其哈爾濱之都會，正當春融，遣兵船由渾春入圖門江，而遵黑龍江，乘機長驅敗軍之□草木皆兵，雖恢復烏蘇里江以東，混河江以北，精奇里江、哈滾江之介，令使犬、使鹿之部復爲我民，然後陪京可長保，京師可長守，直省可免瓜分也。蓋天下事勢必進取，乃□保守又勢不得已也。故漢臣諸葛亮蕞爾之蜀，亦必屯田拒邊，連歲動兵豈好事哉？不得已也。且我養兵久，不使將卒頻見戰事，以生膽勇，以增機謀，亦非立國之道也。時不可失，機難再得，□□日□之戰而夾攻之□爲恢復之，而後無再望恢復之時。民等身旅海外，心傷故國，爲萬國恥笑，實所難忍；改咸怒心、扼腕、眥決、腸裂，欲得戰俄，以雪國仇。伏望密審時機，毅然決戰，立下國詔，宣布萬國，命將興師，驅逐俄軍，民等願竭苦工□人，以助餉糈。大勢既動，舉國變色而作，必多有毀家紓難，爲國馳驅者。恢復陪京，振興國勢，在是舉矣。事機所發，不問毫釐，□電呈外務部，外理合繕詞上呈，伏乞代奏皇太后、皇上聖鑒。

——香港《商報》光緒三十年甲辰正月廿一日

甲辰二月，康有爲、梁啓超、徐勤等和其他各埠代表在香港舉行保皇會大會。議程包括討論商業公司的組織，計劃從事商業爲總會和分會獲取資金；制定行動計劃以對抗革命派的攻擊。會後，康有爲命徐勤在香港組織發行《商報》，梁啓超在橫濱重組《新民叢報》，羅普、狄楚青在上海籌備發行《時報》。同時整頓在上海的廣智書局、廣州的廣東公學和《嶺南報》。①

光緒三十年曾開代表大會于香港。康有爲、梁啓超分別由歐洲、日本到香港，各埠代表到者甚多。在未開會之前六個月，曾發出通告，謂：''吾會開會五年，大功未竟，組織不完善，主張不貫徹，宗旨不一致，皆由相隔太遠，彼此多未謀面，雖在團體至堅之中，亦有情志未洽之慮。''據此，則開會之意斷不只在商會，而必兼及黨務可知。此次開會時間，約有一月，但結果未聞有整理黨務之具體辦法，布告各埠，似只爲商會事而已。②

3月10日　紐約《中國維新報》正式發行。

3月22日　再游海外，乘法國船自港行。

3月31日　逋臣游美。

維新領袖康有爲久有游美之志，前者二女公子康同璧特見美總統，勞士委（羅斯福）謂之曰''尊大人維新中國之志與事，我深望其早成，并願助力，惟望其速來美相見，以慰宿懷''云云。女士轉稟于父，然康君以港中商會待理督辦，故俟成後始行來美。頃得港函知，既束整就道。蓋以關于國家大局，不得不出游外國，勞總統之厚意，殊不可負也。現美中各埠愛國者均皆冀望早臨。康君可謂能得人望矣。③

4月27日　過安南，適暹羅。

4月30日　抵馬六甲。

5月3日　抵檳榔嶼，因事少留。

5月3日—5月26日　因病滯留檳榔嶼。

5月26日　乘英之''舟山''號放洋。

6月1日　至錫蘭，轉搭''孖摩拉''號④船赴歐。

---

① Jung-Pang Lo（羅榮邦）ed., *Kang Yu-wei, A Biography and A Symposium*, 1967, p.195.
② 伍憲子：《中國民主憲政黨黨史》，1952年。
③ 《逋臣游美》，紐約《中國維新報》第4期。
④ 《南海康先生年譜續編》中記爲''易孖摩拉''號，應爲''孖摩拉''號。

1904年（光緒三十年甲辰）47歲

6月3日　自錫蘭行。

6月8日　晚到亞丁。

6月9日　九時自亞丁行，下午四時到丕倫。

6月14日　行蘇彝士運河中，三時抵鉢睒，爲蘇彝士北口盡處。

6月16日—6月19日　意大利。

6月19日—6月26日　德國。

6月26日　米蘭。

6月27日—6月29日　法國巴黎。

6月30日　瑞士盧賽恩。

6月30日—7月1日　維也納、布達佩斯。

7月19日—8月7日　英國。

8月9日—8月15日　丹麥。

8月15日—8月18日　挪威。

8月19日—9月8日　瑞典。

9月22日—9月27日　比利時。

9月27日—10月3日　荷蘭。

10月4日—10月6日　蘇格蘭游記。

10月4日　康有爲赴蘇格蘭阿伯丁，訪女子小學并留影。照片中人：康有爲、康同璧、羅昌（立于康同璧之後），後中立者不詳，後右爲翻譯周國賢，前排兩個女孩是周國賢的親戚陸佑和陸秋泰之女，時在蘇格蘭的阿伯丁市女子小學上學，英女則爲女孩之保姆。此照片爲康有爲等人到

圖26　1904年10月4日，康有爲訪蘇格蘭阿伯丁女子小學并留影

51

訪女孩住處時的合影。

10月5日　訪蘇格蘭首府愛丁堡（康有爲、康同璧、羅昌、周國賢）。

10月6日　晚抵蘇格蘭的格拉斯哥。

10月10日—11月1日　英國游記。

10月10日　英國倫敦，住在希思酒店。

10月25日　康同璧發電報給羅斯福總統請求允許康有爲到美國參觀聖路易賽會。① 10月27日白宮收到此電。

10月30日　康有爲甲辰九月廿二日重泛大西洋，作詩。②

11月1日　康有爲從利物浦出發，赴加拿大。③

11月11日　康有爲自英國利物浦到達加拿大的魁北克城。④

11月12日　康有爲到加拿大的蒙特利爾。

11月13日　康有爲到達蒙特利爾，受到隆重的歡迎。⑤

11月15日—16日　初九到多倫多參觀尼亞拉加瀑布，初十在渥太華演講物質論。⑥

八日到信想收，九夕往滔印度埠⑦，國人十數以馬車數輛來迎，入大客店。遣葉惠伯、楊靈石先入內運動聚集。我往游觀大瀑。夕後演說至十一時，借禮拜堂爲之，莫不整肅。聽者數百人，座爲之滿，皆激以愛國合群之詞。演畢，葉問大衆感動

---

① Telegram of Kang Tung Bac, London, to President Roosevelt, Washington, October 25, 1904, Chinese File No. 13298, forwarded to No. 14735-14789.
② 1904年10月30日甲辰九月廿二重泛大西洋。
③ 利物浦出發的 Lake Minitoba 郵船旅客登記。
④ 郵船 Lake Manitoba 的旅客登記，康有爲於1904年11月11日到達加拿大魁北克市，12日到達蒙特利爾。
⑤ "Kang Yu Wei Given a Great Reception at Montreal", *The Globe*, November 14, 1904.
⑥ 《與同璧書（S-C31)》，《康同璧南温莎舊藏》。
⑦ 滔印度埠，今加拿大多倫多市。

1904年（光緒三一年甲辰）47歲

否，若感動入會者即書名，當入會者百數。何燕美爲總理，以最熱心。十日往阿圖和，會衆具馬車數輛來迎，入大客店。夕九時演說，會衆無人不到。告以吾在國外，諒可以工商之業尤泛意學始及槍炮。以爲中國所短者物質，今但當從物質工藝下手，便可自強。

吾在倫敦，日使林董及其隨員高橋橘太郎，請我宴日人大會，見日人皆用其國俗，鞠躬爲禮，無有行西禮握手者。而我中國人于西人自強之本不知學，乃于無語之禮，反盡捨其國俗而從人，無恥甚，不自立甚矣。蓋媚外之心入于根性，養成奴隸性質。我甚惡之，故見客（下缺）。

11月17日 康有爲致函加拿大總理威爾弗里德·勞雷爾爵士，希望再次見面。①

在渥太華，康有爲認爲有必要再次拜見加拿大總理威爾弗里德·勞雷爾爵士和總督冕度，但不巧的是這兩位當時都不在渥太華，康有爲也沒有在渥太華多停留。

11月18日 康有爲在渥太華接受采訪。②

11月19日 十月十三日，在葉恩及翻譯周國賢陪同下離開溫尼伯，赴溫哥華。③

他沒有理會那份要他停止保皇會組織活動的聖諭，而是夜以繼日地增強組織的運作。他認爲，最終他將會把他深愛的祖國從腐敗和濫權的手中奪回，并送上與世界文明國家平等的地位。

11月22日 康有爲到溫哥華，爲超過三千人演說。

---

① 這次會見記載于加拿大國家档案馆微缩膠片 c-817，第 92267—92269 頁。
② Chinese Prince, "Kang Yu Wei was a Guest at Russell House", *Ottawa Citizen*, November 18, 1904.
③ "Chinese Reformer", *Vancouver Daily News*, November 21, 1904.

53

11月26日　赴二埠，是晚，在聖喬治禮堂爲他的國人舉行了一次演説大會。

11月28日　回温哥華。①

11月29日　温哥華演説，他相信在不遠的將來中國將會名列世界各國的前排。②

康有爲出席温哥華保皇會總會舉行的盛大晚宴，除了本地保皇會華人領袖，還有多國賓客出席，包括日本領事，美國和當地政府官員及數家主要報刊記者。

圖27　1904年11月，康有爲在温哥華

11月　康有爲在加拿大聞償款③加鎊價，重税頻加，作如下詩。

　　在加拿大聞償款加鎊價，重税頻加，憂而有作，時甲辰十月也。

　　幣償十萬萬，自古無此奇。此金從何取？刮自民膏脂。
　　……
　　近者復加税，苛重難訕譏。謂因加鎊價，千萬更支離。

---

① "Kang Yu Wei", *Vancouver Daily Province*, November 28, 1904.
② "Chinese Reform Leader", *The Daily News, Vancouver*, November 30, 1904.
③ 庚子賠款，在償還該賠款時銀價跌落，各國堅持按"應遷日期之市價易金付給"，到1905年，鎊亏積欠120萬英鎊（合銀800萬兩）。1905年4月26日清政府爲支付這項差額，向匯豐銀行借款100萬英鎊，年息5釐，20年還清，本息合計1525000鎊。以關税及山西省煙酒税釐金作抵，債票按97%在倫敦發行，市價99%—103%。這項借款實際是庚子賠款的追加負担。

和議已五年，今何翩反而？當時所議定，銀價非金資。
銀價用兩別，金價用鎊持。曾見和約文，各國分索詞。
某國若干兩，萬千無錯遺。無言鎊幾何，約文豈兒嬉？
……

鎊憤（望開國會而已）

八國聯軍已破京，五年議約久行成。
償幣只聞用銀兩，和戎亦既竭關徵。
無端改作輸金鎊，何異渝盟動甲兵。
怪甚商于欺大楚，笑同趙璧許連城。
貢之不藝猶藩隸，師出無名是奪爭。
不耻國交用貪詐，誤他強盜號文明。
無人謀者爲秦國，有聱私焉是宋廷。
肆索金繒遼使者，可憐木偶漢公卿。
既微管仲行披髮，更乞孫僑與軟盟。
信誓何須申旦旦，大橫無服諒庚庚。
明堂大啓開民議，痛哭寧無漢賈生。

12月 入美前的準備工作。

在域多利期間寫信給同璧，爲入美做準備，首先是想將其自傳盡快請容閎翻譯爲英文，使美國各界更瞭解他和保皇會的宗旨；其次爲防範孫文派暗殺，而囑同璧對"行者事與銘三宜密圖之，吾甚慮此。吾即入美擬先到美東也，芝加高、波士頓爲先乎？紐約有行者在"[①]。由于孫文1904年在美國行踪詭秘，保皇會未能及時打探

---

① 《與同璧書（S-C39）》（1904年12月5日），《康同璧南溫莎舊藏》。

到孫的行踪,就在康有爲寫此信的前一天,孫已離紐約到達乞佛(Hartford, Conn.)。在另一信中説:"行者雖迹無定,必須有甲乃穩之。因入大埠與否一事甚費心也,可函作甲及風帽中收合。若故無如何?"[1]囑其密購防護甲;同時爲籌措會費,設計製造保皇會章。[2]

12月5日 重游加拿大域多利之文島。

甲辰十月二十九日重游加拿大域多利之文島,徘徊寥天室故宅。

文島重移棹,凄凉覓故居。海山仍縹緲,林木尚扶疏。
門栅傾斜矣,圍墻尚晏如。經過五年夢,京邑已邱墟。
再入寥天室,凝塵房榻虚。山松尤户外,萬木尚庭餘。
屋瓦低無恙,池畦亦太初。頗懷蘇武節,北海有毡盧。
環島周遭步,摩挲故物遷。嶼邊安几榻,松上掛秋千。
重眠聽海浪,復坐嘯風煙。穿入深林路,苔痕似昔年。

12月17日 康有爲在温哥華最終獲得入境美國的通行證件。

康有爲赴美簽證和加拿大政府所頒發的"第六項"證書(現存青島康有爲故居博物館)。

1899年7月起,康有爲認識了美國駐温哥華領事 L. Edwin Dudley,經其手向美國政府數次申請簽證都被拒絶,後又向夏威夷領事詢問簽證一事,夏威夷領事回信説,根據美國法律,没有理由拒絶其赴夏威夷島的簽證。康有爲又向北京美國領事詢問不果,之後康將夏威夷領事的信一并送給 L. Edwin Dudley 征求建議,是否可以借鑒夏威夷領事的處理辦法來取得簽證。其時李鴻章亦要求

---

[1] 《與同璧書(S-C46)》(1904年12月31日),《康同璧南温莎舊藏》。
[2] 《與同璧書(S-C46)》,《康同璧南温莎舊藏》。

1904年（光緒三十年甲辰）47歲

美國政府不給予康有爲和梁啓超赴美簽證，以致康有爲被拒絕多次。但是在和 L. Edwin Dudley 多次接觸後，L. Edwin Dudley 開始熟悉、理解和幫助康有爲，尊稱康有爲閣下，并認爲康是一位愛國者，所作所爲不僅是爲華人也是爲了全人類的進步。

康有爲必須獲得美國1884年7月5日通過的《排華法案》第六項所要求的證書。這稱爲"第六項"的證書是針對中國人的，前提是"不是勞工"纔有權獲得美國授予的1884年中國排華法的豁免，還必須出示由中國政府頒發的證書，或者通過其他一些外國政府，其中必須針對某一獲豁免人纔有權享有的豁免證明。被豁免者，通常是學生、商人及非移民的旅游者。

由于康有爲獲得加拿大政府給予的"第六項"證書，證明康被認爲是當地居民和非移民旅游者，當1904年康有爲再次拜訪 L. Edwin Dudley 時，即獲得了其簽證。但是經過湯森港時還是遇到一些麻煩，不過最終還是順利通過了。但當時美國政府仍然不知康有爲已獲得此簽證，直到1907年康有爲自墨西哥重返美國時，美國政府纔最終批準和證實此簽證的合法性。

圖28　銅寶星
注：1905年，康同璧在美國設計，并在哈特福德製作了兩萬七千枚。

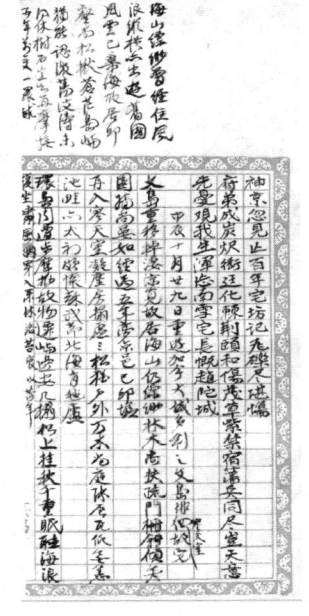

圖29　康有爲重游文島有感之手稿

12月22日 撰《歐洲十一國游記·序》。

將盡大地萬國之山川、國土、政教、藝俗、文物而盡攬掬之、采別之、掇吸之，豈非凡人之所同願哉！于大地之中，其尤文明之國土十數，凡其政教、藝俗、文物之都麗郁美，盡攬掬而采別、掇吸之，又淘其粗惡而薦其英華焉，豈非人之尤所同願哉！（《歐洲十一國游記·序》，光緒三十年冬至［1904年12月22日］，康有爲記于美洲太平洋域多利之文島故居寥天室，刊于《歐洲十一國游記》第一編，上海廣智書局1905年排印本。）

按：《歐洲十一國游記》的目錄是：編首《海程道經記》、第一編《意大利游記》、第二編《瑞士游記》、第三編《奧地利游記》、第四編《匈牙利游記》、第五編《德意志游記》、第六編《法蘭西游記》、第七編《丹墨游記》、第八編《瑞典游記》、第九編《比利時游記》、第十編《荷蘭游記》、第十一編《英吉利游記》、附錄一《歐土政俗總論》、附錄二《中西比較論》、附錄三《物質救國論》。

12月 撰《物質救國論》。[①]

故軍兵、炮艦者，以之強國，在物質；工商者，以之足民，亦在物質。今我中國而欲立國于競爭之世，強兵足民皆當并起而不能少缺也。

故強陸軍者，僅可望一身之不死；而強海軍者，且可得子孫之長生。孰得孰失，不待智者而決之也。

治軍在理財，理財在富民，而百事皆本于物質學。

無論爲強兵，爲富國，無在不藉物質之學。不以舉國之力，全國之纔，亟從事于物質之學，是自惡其國之壽而先自絶之也。

---

① 《物質救國論》，載康有爲撰，姜義華、張榮華編校：《康有爲全集》第八集，第61頁。

1905年（光緒三十一年乙巳）48歲

光緒三十一年乙巳（一九〇五年）先君四十八歲

正月九日，先君自灣高華扶病赴美，當日抵舍路，爲憲政會演講。十一日，渡湖至砵崙小住。乙亥之夏，先君居加拿大域多利之文島，名其室曰"寥天"。自甲辰十月再入加拿大，游美、墨而歸于歐。無一日不在游中，自謂鴻飛冥冥，扶搖九萬，直入于寥天矣。凡乙丙丁三年歐美之作，都曰《寥天室集》，共六十四首。其歐土國別之作，先附于《逍遙游斋集》者不計也。

二月六日，由砵崙西行，路經沙加免度斐士那北架非等埠，均爲華僑演說。十一日，到羅生技利游覽，餘暇輒爲憲政會演述大同之義，目觀各國物質文明，一日千里，而中華守舊不改，難與世界爭鋒，作《物質救國論》二十節，爲暮鼓晨鐘也。

三月，移居羅生技利之西湖畔，閉戶養疴，每日扶筇雅步，擁冊眠茵，或繞行湖畔，或棹船舟中，遙臨大海，綠潯鋪菜，土地肥沃，氣候溫和，實疗養勝地也。

五月，病愈，思游華盛頓。八日，到華盛頓。游議院、炮廠、鐵廠、博物院、蠟人院、百獸園。十四日，偕詩人譚張孝、汤銘三訪華盛頓故居，又參觀華盛頓紀念碑。十五日，赴必珠卜，觀其鐵廠、學校、藏書樓。旋赴紐約，游博物院、哥倫比亞大學各處。

六月三日，往波士頓觀華盛頓第一次點兵處，十八日游費城。

七月三日，視察紐約監獄、報館。

八月四日，參觀華士納特軍校，校長戎裝領導，并請閱兵。十四日，赴芝加哥。十六日，去新坡，轉往粒榮士頓。二十日，游黃石公園，園方三千六百里，有溫泉數十處，惟童山濯濯，石色枯黃，塵沙如山，蒸人若甑。游凡六日，意興索然。

九月一日，由碧架失地至波士拿省表色地，參觀銅礦、造幣廠。二日，赴士卜勒勒。七日，至抓李抓縛。九日，往尼利頓。十一日，過硴崙。十八日，去貝士惡頓疏瀝。月杪到張順，經小路深至落基山盡處。

十一月一日，抵閱陀羅氏。二日，宿要離，四面雪山，中通一路，乘馬車上山。三日，午登絕頂，放歌十七韻。

五日，過免駕士，行盡落基山矣。南即新墨西哥境。

六日，東返至顛嚨嗞，轉車王乾沙色地，到物士失必河，河高平地五尺，常有崩決，築堤束水之法，悉如吾國黃河，步行堤上，如見故鄉，何東西之相同歟？十八日，張福來談中美事甚詳，頗思一往，一年以來，巡覽美國殆遍矣。先君考驗太平洋東安，南北美洲皆吾種舊地，有詩紀之。

十一月三日，自新村乘汽車離美赴墨西哥。美墨間以一路間河分界。六日，至萊苑，觀其銀礦、鎔銀局。此間銀礦爲天下第一，開采已二百年矣。

《南海康先生年譜續編》康同璧 1958

1月9日 正在北溫哥華的康有爲收到北京來電，謂清廷特赦

1905年（光緒三十一年乙巳）48歲

康、梁。①

圖 30　北温哥華旅館

1 月 25 日　康有爲在温哥華，卧病居于嬉利慎温泉②山中。

嬉利慎温泉看大雪，與林鐸湖溪泛櫂甲辰十一月加拿大

野月荒荒暗，松林杳杳冥。群峰皆雪色，萬壑帶泉聲。
僵木縱橫倒，溪流曲折清。白凫同呷喋，打槳一無驚。

橫雲藏島嶼，大雪漏林丘。溪小成專制，湖深得自由。
波高揚汧潎，天大聽沉浮。泛泛原無住，行行任自休。

再過鳥閣道，海峽最深幽。翠厓劈兩峙，綠水瀉中流。

---

① "A Gift to the Nation", *The Globe*, January 10, 1905.
② 嬉利慎温泉（Harrison Hot Spring, BC），距離温哥華 150 公里，其硫磺礦温泉以祛病著稱。

雪嶺看無已，飛泉聽不休。苔錢封巨石，人迹少來游。

重游嬉利慎溫泉，宿故店甲辰十一月

重山伐木深通道，山盡途窮見水明。
廿里煙波開嫵媚，萬杉樓閣對澄清。
嶺巔雪影兼雲影，橋畔泉聲與浪聲。
再循磴道摩林石，雖酌溫泉已冷成。

撰《金主幣救國議》，篇目三十。

著《金主幣救國議》，篇目三十。略謂英查理十一時，以財乏而克林威爾起。法路易十六時，以財政大亂而大革命興。近元明之季世，亦以乏財加餉而亡。今萬國皆變金主幣，而吾國不改，則銀價日落，而吾國民日困，租稅生計法無定，但此一事國其破乎？門人王覺任力請付梓，之滬猶議而未刻。至庚戌秋，滬、津、京、廣銀行連翩倒閉，大變之來，不可卒歲，乃遂發次篇，自謂一字一淚，願讀者留意焉。(《南海康先生年譜續編》)

《金主幣救國議·序》撰于一九〇八年冬，序文後面，載有康有爲一九一〇年冬補識："是書成于五年前。去冬，王覺任力請補掇序而付之滬上，猶議而未刻。"所以《金主幣救國議》一文實成于一九〇五年。是書于一九一一年上海廣智書局出版時，封面作《金主幣救國論》。

2月3日 除夕，加拿大海島臥病感懷。

1905年（光緒三十一年乙巳）48歲

東遼四首——美北海島中卧病感懷[①]
更生（詩界登報後寄璧）

東遼鼙鼓人中立，西藏風雲我不知。
絕好山河誰管領，空看書畫想迷離。
從何説起中朝事，日飲亡何長夜悲。
忽念祖宗開國略，艱難百戰是何時。

八道山川磨邐青，舊封箕子不神靈。
夏商血屬惟存汝，晉楚干戈可有名。
保護有人寧遣使，太平無事可裁兵。
漢陽姬氏于今盡，周鼎摩挲目不瞑。

王母瑶池颭上清，蟠桃正熟賜飛瓊。
鈞天廣樂聞同醉，驪火燒烽不少驚。
欲勸長星來飲酒，更增圍獵一開營。
海枯天隕生何世，哀我蒸黎痛失聲。

華胥夢入境迷濛，又隳迷途大霧中。
衆瞽呶呶同論日，群雌粥粥乃無雄。
狂泉大飲寄歌舞，博夜摸行失北東。
獨有餐氈北海者，冰天雪窖卧書空。

由于美國《排華法案》和政府的阻撓，康有爲一直不能訪問

[①] 此東遼四首原件見《康同璧南温莎舊藏》，1905年2月3日作。另見《除夕加拿大海島卧病感懷五首甲辰十二月》，載康有爲撰，姜義華、張榮華編校：《康有爲全集》第十二集，第261—262頁。

63

美國。經過數年的努力嘗試，最終獲得美國駐温哥華領事 L. Edwin Dudley 頒發的簽證，于 1905 年 2 月 11 日自美加邊境的蘇馬斯進入美國，到華盛頓州湯森港其簽證再次被核實通過。隨行有翻譯周國賢、Yong Lim Shak 及奧地利保鏢譯員羅弼（Rupert H. Humer）[1]，同日抵達西雅圖[2]。

2月12日　西雅圖隆重歡迎康有爲（2 月 11 日—2 月 13 日）。[3]

2月13日　康有爲離開西雅圖去砵崙（2 月 13 日—2 月 20 日）。[4]

康有爲昨晚抵達波特蘭，他在車站受到約一百名本地保皇會同仁的歡迎，并被護送到波特蘭酒店。在此地訪問數天後，他將和朋友去塞勒姆。他現在正感染了嚴重的支氣管炎，希望在波特蘭可以康復。[5]

圖 31　波特蘭酒店

---

[1] 1904 年 9 月 25 日，康有爲在比利時認識奧地利人羅弼，隨後羅弼趕到加拿大，成爲康有爲 1905 年游美時的保鏢和翻譯。"以比之玻廠、煤鐵廠最知名，皆在沙護華埠，乃訪之。汽車一時半至焉，食于客舍。奧人羅弼通五國语，來從焉，舍主令其將馬車導游。"（康有爲撰，姜義華、張榮華編校：《康有爲全集》第七集，第 489 頁）

[2] *Columbia Courier*, February 17, 1905, Image 7.

[3] "Chinese Exile Given Reception", *The Sunday Oregonian*, Portland, Or., 1881-current, February 12, 1905, Part Two, Image 14.

[4] "Noted Chinese Reformer is Visiting Portland", *The Morning Oregonian*, February 14, 1905.

[5] "Kang Yu Wei Here", *The Morning Oregonian*, February 14, 1905.

1905年（光緒三十一年乙巳）48歲

2月16日 在一篇題爲"中國的摩西訪問波特蘭"的報道文章中，康有爲對西方記者講述了戊戌變法及國內外維新運動的進展。

2月17日 康有爲在波特蘭第一衛理公會教堂演講。[①]

儘管堂會之間的鬭爭是波特蘭現時的主要話題，但還是有數百國人將整個教堂坐得滿滿地聆聽康有爲的演說，强調中國現時的需求，及要更深入地瞭解北美，獲得和美國一樣的成功。

圖32　1905年2月16日刊登在美國報紙上的康有爲素描肖像

2月20日 康有爲和秘書周國賢一行四人，到俄勒岡州首府塞勒姆參觀公共機構，受到州長張伯倫（Governor Chamberlain）的熱烈歡迎，并獲得執行法官貝林格（Judge Bellinger）的一封介紹信，准予參觀監獄和精神病庇護所，瞭解和學習這些機構的管理方式。他的秘書做了大量記錄，以便對他們將來返回中國時，可被充分報道和利用。

當康有爲穿過監獄時，他與兩名被獲准見面的中國囚犯進行了簡短的談話。

[①] "Chinamen Hear Reformer", *The Morning Oregonian*, Portland, Or., February 18, 1905.

圖 33　俄勒岡州監獄

2月25日　康有爲發布一份致美國砵崙埠保救大清光緒皇帝會公告。

公啓者：僕本月初九日由加屬入美境，到舍路及砵崙，會中同志接待備極殷勤，鄰埠同志自千百里奔走來見僕，感厚意愧無以報。惜抱病不能縱談。惟我會遍于五洲，凡百餘埠人以萬數，莫不踴躍。僕誠不意五年之間，團體之浩大如此。若能益加改良，更求進步，以此團體即與立國無殊，則以外中國而救內中國，不患不濟也。惟會事頗嫌散漫，空言無補實行。若不求改良進增，是有會與無會同也。僕既愧承各埠同志厚待，徒費車馬酒食接待之勞，而無所整頓有益會事，度非諸同志盼待之意也。昔在加拿大，與各同志正定會章，議開聯衛部、潔淨會二事，皆已舉行。聯衛部，與入會各同志權利，凡有患難、疾病、死亡歸國者，皆加救恤。即如近者，陳敏生之案牽累重大，若非同志救助，則危險萬分，試問會中同志誰能保其必無他事。以陳敏生之體面，猶不能免，況其餘乎？夫力分則弱，力和則強。今合百餘埠之聯力以自衛，其誰能當之，亦復誰敢輕視。至于潔淨會一事，以我同胞爲人所輕，頗由于污垢不修之故。此事雖小，所關甚大。檀香山焚我同胞，全街去款近百萬而不加賠償，爲污垢也。僕在加屬爲華人入境加稅事與

1905年（光緒三十一年乙巳）48歲

英官辯難，反覆二時，其末也，英官謂"華人污穢，我實不能平等看待"，英醫生囑我告同胞整理房屋，勿有穢污，否則有權可燒屋，今特與人情云云。觀此，則我同胞之以垢污爲人所厭棄，遭辱至矣。垢污之事至易改飾，何苦以此小故被人輕賤耶？故擬訂潔淨會章，凡洗身、潔衣、住屋各條皆于加屬大舉行，今入美以來亦以此告砵崙同志，莫不歡喜。僕本意欲合全美國各埠合一總會，開議院、立憲法，以堅定會事，惟道路太隔，車費爲難。今暫先議開美西聯衛部，合嘩慎頓、柯利近、埃地賀、紋淺拿四省，各埠爲之。以砵崙爲聯衛總部，李君美近忠義正直，人心悅服，僕周咨各埠，舉爲總部總理，咸以爲宜。其餘各埠公派一代表議員到總會集議，或由董事親來，或隨時派人代議，皆聽其便。其監督、書記等員，隨時公議，推舉砵崙埠衆兩次開議，舉行聯衛、潔淨兩事，莫不贊成。其詳細章程，由砵崙會布告。若加拿大舊章，則在《維新報》中想各埠皆具聞其潔淨會章程，亦由砵崙會刻定奉寄。貴埠在美西四省部內，若以聯衛事爲有益，則或派人來砵崙商議，或在本埠開議公同訂定章程，所以不再集各埠者以砵崙大叙集開議之日，有抓李抓罅、埃士多利、碧架色地、片利頓各埠董事咸集同心，亦已便商量一切至于會中同志皆掛一憑牌，人人同樣，將來是由總局頒發。自光緒三十年後入會者，議定人須美金五元，因南洋各埠入會者皆十元，當一律頒行故也。其各會所願行聯衛者，必給憑照，若能同開此會，同志必有大益，亦僕所以報各同志之高義也。

致候

義安　　　　　　　　　　　　更生　正月廿二日發

貴埠同志均鑒

再者，貴埠入保皇會人名籍貫事業清册，望查明見報。其現存保皇會公款，望即掃數滙交美近兄以交度僕收，以資總局辦公，實爲至幸。

更生再白

3月9日 在俄勒岡州阿斯托里亞演講。①

康有爲和他的秘書中午到達阿斯托里亞，下午在歌劇院對大量的當地華人及社團做了一次演說，晚間將出席當地保皇會成員爲其舉辦的宴會。

3月11日 離開波特蘭，經薩克拉門托。

3月12日 康有爲到達斐士那，趕在去洛杉磯的夜車之前，爲五百餘當地華人演講了數小時。② 何旃理和幾位女伴也趕來聆聽康有爲的講演。

3月16日 途經維塞利亞、貝克斯菲爾德，康有爲于二月十一日到洛杉磯，三月移居洛杉磯之西湖。居洛杉磯兩月。

3月18日 洛杉磯舉行盛會招待康有爲。③

乙巳（1905年）夏曆二月羅省（洛杉磯）保皇會有一次歡迎康有爲苾臨羅省的大聚會，地點在華人大酒樓，與會者有保皇會衆二百多人，西人官商十餘人。康有爲、客商會總理、羅省大衙門按察官分別講話，整個會議歷時四小時之久，參會者還有西報記者數人。④

3月27日 星期一晚上，Mrs. A. B. Hotchkiss 宴請康有爲⑤ 和保皇軍首領 R. A. Falkenberg 將軍，他專程從舊金山來此會見康有爲。Falkenberg 將軍是數年前由梁啓超正式任命的。

---

① "Reformer Talks at Astoria", *Morning Oregonian*, Portland, Or., March 10, 1905.
② "Chinese Reformer", *Fresno Republican*, March 14, 1905.
③ "Kowtow to Kang Yu Wei", *Los Angeles Times*, March 19, 1905.
④ 岳崧：《乙巳二月羅省保皇會大聚會記》，現藏美國加州大學伯克利分校。
⑤ "Distinguished Guests Dinned", *Los Angeles Herald*, March 29, 1905.

1905年（光緒三十一年乙巳）48歲

4月7日 康有爲發布公告，任命荷馬李爲中國維新軍和干城學校將軍及總顧問。

4月30日 梁誠在舊金山總領館以中文發布一份對華人的公告，他闡述了"美國禁限華工變本加厲，苛刻無擾，不可終日。上年清約屆滿，經本大臣咨請外務部聲明作廢，并照會美外部在案"；"即西曆一千九百四年十二月七日期滿停止。自是日以後，凡華人抵境及寓美華人諸事即不應按照前約辦理。在此日期之後，如有任何華人華工有因此法案被刁難者，可以到各領事館填報被刁難和因此而受到的損失，然後匯總到駐美公使館，經核實上報美國外務部，以期得到公正對待和賠償。本大臣責任所在，尤不忍見吾民枉遭凌侮……"呼籲各中華會館讓所有華人知曉此公告。大清駐美公使梁誠拒絕在續約上簽字，美國政府企圖繞過強硬的梁誠，直接去和清政府對話，迫使懦弱的清政府簽字。

正在洛杉磯養病的康有爲獲悉此公告，他認爲"禁約事奇恥大辱，思之髮豎，念之心痛。僕爲此事連夕不寐，愈思愈憂"。對國家來說，是有損國家之尊嚴，玷辱國人之人格。"此事關我華人生命，于粵人尤甚。"他想到借此由保皇會在内地發起大規模的拒約運動，促使清政府不在續約上畫押。一個弱國政府做不到，但民衆團結起來或許可以達成拒約的目的。于1905年5月4日（乙巳四月初一）同時發電給港、省、滬、濱保皇會分會，令其同時發起反對續約的行動。①

四月初一日康有爲發表言論："美續禁約，梁使不簽名，美今遣使往北京，改請外部畫押，已開行十日。此事關我華人生命，于粵人尤甚。計粵人在此歲入數千萬，若能破約，歲增無量數。吾國生計已窮，若美工盡絕，勢必大亂。今各咸發憤，各電爭于外部。

---

① 《康君有爲來書論美洲拒約事》，墨爾本《警東新報》1905年6月24日。

惟外部畏怯，若美使恐嚇，即畫押。生死之機，在此一舉。望大集志士，開會鼓動，電政府及各省督撫力爭，并以報紙激發人心，或可挽回。所有支用，當俟後匯，勿吝小費，美中必源源接濟。"

是日，梁啓超、狄楚青、羅普等在上海策劃抵制美貨①，組織商人、學生、市民抵制美貨，促使美國廢除《排華法案》。當即由《時報》同仁往與廣東最有力之各商董商議，又往見上海道袁觀察，囑其從中幫助。孰知此事之成效，實出意外。廣幫最有力之商家徐雨之、曾少卿兩觀察熱心促成，即于四月初七日（5月10日）傳簽集廣東公所。

5月5日　康有爲與同璧書"即到華盛頓，頃力爭禁約一事，或有補大局也"②。

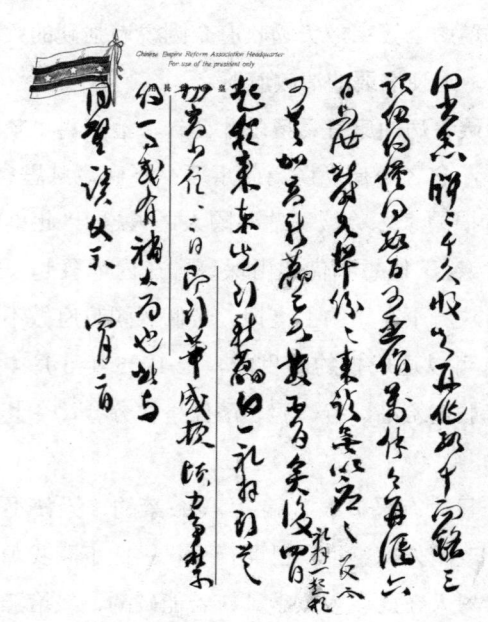

圖34　康有爲與康同璧書

---

① 《致各埠列位同志義兄書（#578）》（1905年6月7日），《康梁與保皇會》。
② 《康有爲與同璧書（康13-2）》（1905年5月5日），《康同璧南溫莎舊藏》。

1905年（光緒三十一年乙巳）48歲

5月13日　晨到堪薩斯城，并于是晚抵達新薑。①

與銘三、文卿書"拒約事上海大集，欲拒美貨，此事或可望"②。

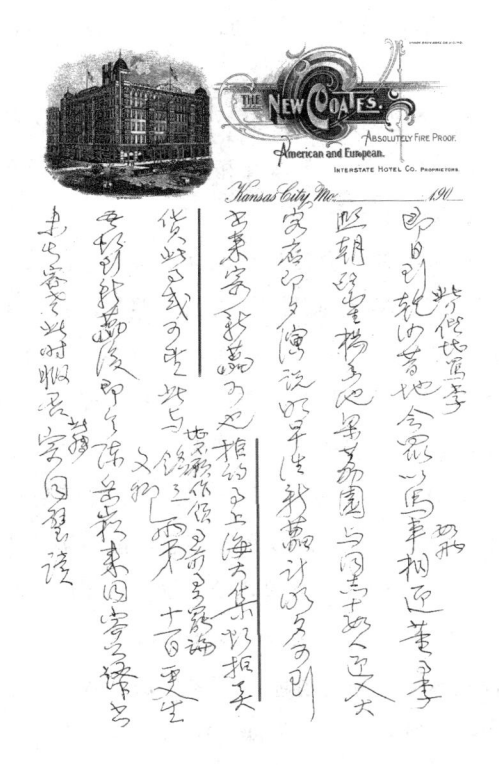

圖35　康有爲與汤銘三、梁文卿書

5月15日　康有爲在荷馬李的陪同下到達聖路易，推动在美國各處有華人的地方組建干城軍校。③

5月19日　美國浸禮教聯合會年度大會。

美國浸禮教聯合會年度大會，邀請康有爲參與有關中國問題的討

---

① "Kang Yu Wei in Town", *Kansas City Star*, May 14, 1905.
② 《康有爲致梁文卿書（康6）》（1905年5月5日），《康同壁南温莎舊藏》。
③ "Kang Yu Wei", *Fort Wayne Daily News*, May 16, 1905.

71

論，康有爲在大會上發表講話。康向國會提供一份請願書，要求給予來美國的中國學生以最惠國公民相同的特權。①

5月21日　與同璧書，往芝加哥及華盛頓。連日辦拒約，令人心甚歸。②

5月23日　乙巳四月二十日早九時，自聖路易啓程。

5月24日　康有爲在周國賢和荷馬李的陪同下到達芝加哥，調查芝加哥的製造工業。③

市加高保皇會歡迎康會長。市加高保皇會來函云，康會長與干城教習荷馬李，偕同翻譯周君國賢、西人隨員，并斐士那干城學校急頓（上尉）歐陽君湖④，新薑何君蓮石，于四月廿一朝，鍾鳴八點時候，駛停本埠。本會同仁歡迎康有爲一行，雇西人鼓樂一副，召干城將士六十餘名，戎裝輝耀，步武整齊，迎于車站。康會長與荷馬李教習所乘之車，則用四馬車；往迎接之總值各員，則坐觀音車，共四十餘乘，其餘各同志步行恭迎者，約有數十人，巡捕十八名傍行兩邊，以爲捍衛。侍立旁觀者，人山人海。爾時羅列街衢，先後有序，文武嚴肅。西人女士觀者如堵，有鼓掌者，有脫帽者，莫不讚美、致敬本會維新之群體。康先生爲中國維新之奇傑也，是日，本埠西報紛紛騰說，極讚揚康先生爲出類拔萃之人，蓋英雄豪傑，爲世所重。人有同情，誠可謂一時盛事，固非筆墨所能罄也。至晚敬請康先生登壇演說，來聽講者座爲之塞。先生陳說各國强弱之由，盛衰之點，高言偉論，慷慨激昂，人心莫不感動，將來我會

---

① "Plea For Chinese", *The Salt Lake Tribune*, May 20, 1905.
② 《康有爲與同璧書（康7）》（1905年5月5日），《康同璧南温莎舊藏》。
③ "KYW Arrived Chicago and Will Study Manufactures", *Alma Record*, May 26, 1905, Image 7.
④ 歐陽湖、歐陽彬、歐陽仙洲（Ben O Young），斐士那保皇會成員。1905年以康有爲私人保鏢身份，隨同康有爲游歷洛杉磯到波士頓的行程。

1905年（光緒三十一年乙巳）48歲

必有蒸蒸日上之勢矣。①

中國的改革者來到芝加哥，此次訪問的目的是瞭解他的同胞在外國做什麼，并尋求同胞對他工作的支持。"中國改革協會"的目的是將西方的習俗和思維逐步帶進中華帝國的改革中。他的自由主義思想使他認識到，中國的未來取決於她是否願意接受西方先進的商務、工業和政府。其實行辦法是改革陸軍和海軍，建立新的稅收制度，并實行憲法改革。②

是日下午，受到約翰·亞歷山大·杜威③的邀請，中國革新者康有爲一行二十人到訪伊利諾伊州宰恩城。在火車站受到杜威博士和宰恩衛隊、軍樂團熱烈歡迎。是晚出席了在宰恩大教堂舉行的例會，超過五千群衆參加，康有爲被邀請做演説，并和杜威博士一起發表有關反對美國《排華法案》、支持各地拒約活動、反對美國和列強要求中國單方口岸開放政策。翌日離開宰恩城，返回芝加哥。

圖36　1905年5月康有爲訪問宰恩城杜威博士住所

① 《市加高歡迎康會長》，原載《中國維新報》，藏於美國加州大學伯克利分校 UC Berkeley 《干城學校校史》（18）。
② "Chinese Reformer Comes to Chicago", *The Inter Ocean, Chicago, Illinois*, May 24, 1905.
③ 約翰·亞歷山大·杜威（John Alexander Dowie，1847年5月25日—1907年3月9日）在澳洲和美國的蘇格蘭傳道者和信仰治療師。他創立了錫安城、伊利諾伊州和基督教使徒教會，有衆多追隨者。

圖37　康有爲與杜威博士合影于伊利諾伊州宰恩城

圖38　杜威博士、康有爲和其他成員合影于宰恩照相館（前排右二：周國賢、梁啓勛、陳宏勋、羅弼；前排左二：歐陽彬）

　　五月，病愈，思游華盛頓。八日，到華盛頓。十四日，偕詩人譚張孝、湯銘三訪華盛頓故居，又參觀華盛頓紀念碑。十五日，赴必珠卜，觀其鐵廠、學校、藏書樓。旋赴紐約，游博物院、哥倫比亞大學各處。

6月8日　康有爲抵達華盛頓爲見羅斯福總統，適總統外出。①
　　康有爲到達華盛頓後，住在 Arlington 旅館，并爲當地華人演說"維新運動的進展"，并訪問了雕版印刷局和在唐人街上的保皇會會所。康有爲的隨行人員有翻譯周國賢和其他兩名華人，及一名奧地利保鏢。

6月10日　先到波利磨訪問、演說二日。
　　康有爲在大批警察的保護下，乘坐特別列車到達波利磨，在唐人街演說，參觀當地保皇會會所。②
　　是日，康有爲以旅美華人的名義發出一份拒約公告，將其計劃、組織、執行計劃和經濟支持廣告與所有保皇會同仁，建議各

---

① "People Met in Hotel Lobby", *Washington Post*, June 8, 1905.
② *Baltimore American*, June 10, 1905.

1905年（光緒三十一年乙巳）48歲

保皇會分會互相鼓勵協調，派演說員到各埠動員其他會團，拋棄前嫌，共同對外，廣泛宣傳，鼓動上至官場，下至黎民百姓抵制美貨，反對續約。

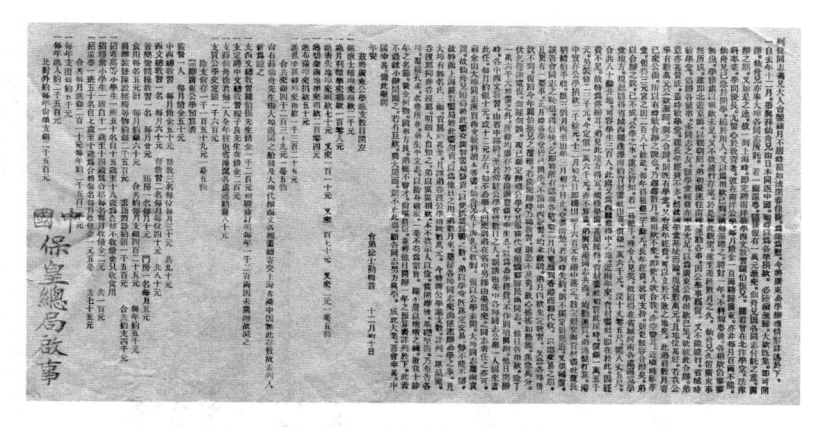

圖 39　以旅美華人的名義發出的一份拒約公告

6月12日　返回華盛頓。

6月13日　投書于外部次官林瑪氏[①]，與之約見，并約見勞（羅斯福）總統[②]。

6月15日　晨訪美國外部署及海軍部署，午見羅斯福總統，容閎、周國賢、譚良與會。

時十二點三十分，延入內室。總統立待，與會長及容公、周國賢、譚張孝等行相見禮，握手甚歡，具言相思之苦。言論間以解禁之事為請。總統謂："禁限中國人，我不忍其太酷，必盡我之力，以挽救之。至于上等華人，若游歷學生、商家，必當寬待。"又說，"今日陸軍卿他輔（Taft）正在芝加哥做有關寬解禁例的演講"。

與羅斯福總統會面後，康有為在給梁文卿的信中說："今午已

---

① 外部次官林瑪氏 F. B. Loomis，即副國務卿，主管外事。
② 《記康會長進謁勞總統（弟子譚良敬錄）》，紐約《中國維新報》1905年6月26日。

75

見總統（梁誠力阻三日），總統言禁約事，不忍刻酷，必竭力挽回。上等人、游客、學生、商人必寬待云云。今再擬再見，與談鎊價事，欲我黨領之，未知得否耳？"①

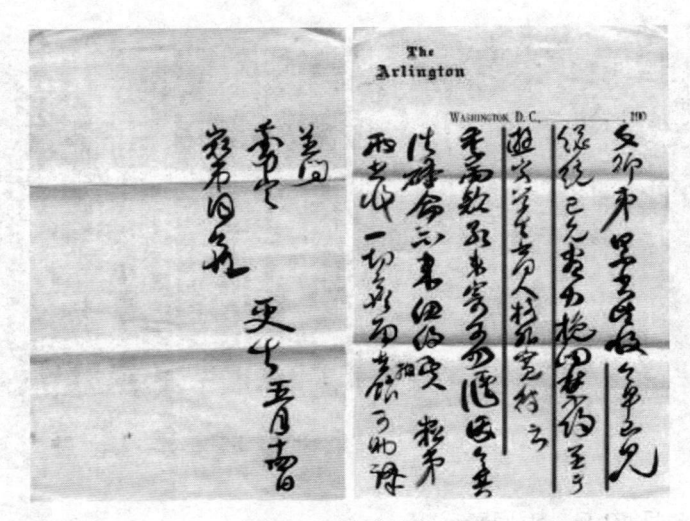

圖40　與梁文卿書

羅斯福總統日記中，記有荷馬李在6月15日午十二點見到羅斯福總統，但并未記有十二點三十分與康有爲、容閎等的記載。

羅斯福總統在與康有爲等見面後，即約見國務卿海約翰（John Hay）。美國國務卿海約翰6月19日的日記記有："已和總統談過有關禁例的問題，總統決定暫停移民局對華人所采取的野蠻辦法。"②

6月17日　晚七時，康有爲從華盛頓抵達了匹茲堡，他的隨行包括首席保鏢羅弼、秘書周國賢、翻譯荷馬李、醫生譚良，受到當地同仁的隆重歡迎。在第十四軍團樂隊的引導下，乘坐馬車

---

① 《與梁文卿書，已見總統，盡力挽回禁約（康-34）》（1905年6月16日），《康同璧南温莎舊藏》。
② 1905年6月25日美國國務卿海約翰日記（其夫人筆記）也記載了"約翰昨天下午到華盛頓……"

1905年（光緒三十一年乙巳）48歲

來到位于格蘭特大街510號協會總部。在有一百餘名華人的歡迎會上，他用中文做了一個簡短的講話，說此行只是倡議要以歐洲現有的方式替代以革命的方式進行的中國政改。

6月18日 康有爲在匹茲堡第四大道的浸信會教堂發表了三個小時的演講，主要議題是關于羅斯福總統承諾修改《排華法案》，并確保到美國的學者和學生可以根據此法順利入境。今晚康有爲將離開華盛頓，約見國務卿海約翰，并將與他討論中國所期望的改革。

6月19日 美國國務卿海約翰日記：已和羅斯福總統談過有關禁止華工的條例。

6月20日 報道說，在匹茲堡河景公園的森林中，保皇會爲康有爲舉行了一次有兩百多人參加的

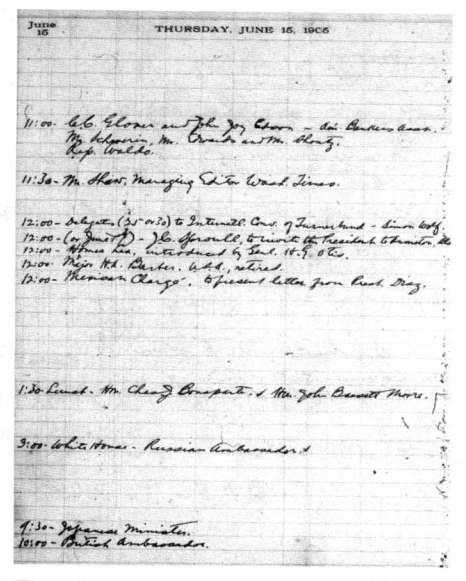

圖41 羅斯福總統日記：1905年6月15日，康有爲一訪白宮

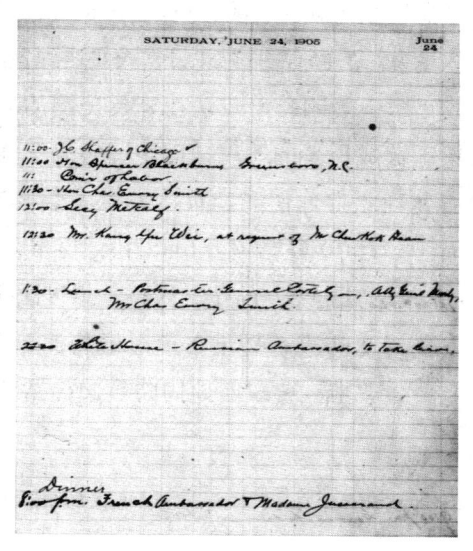

圖42 羅斯福總統日記：1905年6月24日，康有爲二訪白宮

室外野餐。康有爲想要會見匹兹堡市長 Hay 的請求被接受。

6月24日 星期六，中午十二點三十分，康有爲與周國賢再度到訪白宫，會見羅斯福總統。

下午啓程到費城。在羅斯福總統1905年6月24日那天的日記中記有："十二點三十分，康有爲同周國賢先生一同參與會見。"

在羅斯福總統給執行副國務卿路密斯6月24日的信中，可知羅斯福總統于當日會面后，即與國務卿海約翰協商，并做了如下指示："要以最廣泛和最真誠的禮節對待各界客商、教師、學生和旅客，單獨或妻子和未成年子女均可以來美國，包括所有中國官員或中國政府的各級代表。"① "告知移民部門的官員，在執行該法時任何苛刻的行爲絶不被容忍，任何政府官員對中國人有任何失禮將會被立即解除職務。"

同日在商業和勞工部長的信件②中説："如果有華人入境，美國官員因爲證書問題造成錯誤，中國人將不會被遣返……相反，我們會懲罰犯錯誤的美國官員。"第81號政府文件"關于執行禁止華人入境方法"已于6月24日當天發送到各個部門。

鑒于美國政府無法在延長美國的《排華法案》上與駐美公使梁誠達成協議的簽署，而企圖繞過梁誠，派新任美國駐華公使柔石義到北京迫使清廷直接畫押，梁誠無法阻止美國政府的行動，而于4月30日在舊金山以中文發布公告，公告所有華人上報因《排華法案》受到的苛刻對待，想以法律來對抗和宣洩一個弱國的不滿。此時康有爲正在洛杉磯養病。看到此公告後，發電給滬、港、省、濱，要求四地同時發起促請清政府拒絶簽署新的《排華

---

① 1905年6月24日，羅斯福致執行副國務卿路密斯。*Roosevelt Paper*, Series 2, Vol. 156, p. 194.
② 1905年6月24日，羅斯福致商業和勞工部長。*Roosevelt Paper*, Series 2, Letter Books, Vol. 156, p. 230.

1905年（光緒三十一年乙巳）48歲

法案》。

從上述美國政府的文件可知，康有爲自五月初發起拒約和抵制美貨的運動，以及兩次游説美國總統，并于6月24日和美國總統羅斯福會談的當日，即獲得羅斯福總統下達改善對華商、旅客、教師和學生入境限制的命令，導致新的《排華法案》最終未被簽署，可見康有爲在其中所起的重要作用。

6月26日　召集各埠保皇會派員參加會議，爲《保皇會公議改訂章程》。

"保皇會開辦五六年，遍于五洲百六十餘埠，人數衆多，踴躍好義，惟舊定章程未能一律，欲圖進步，更應改良。我會之大，幾同小國。爲鄉爲國，皆立定憲法、立定章程，或開議會，或集議員公同酌定，以昭公允，既可集思廣益，更在詢謀僉事。"

下午，康有爲來到門罗公園（Menlo Park, Perkasie），應邀參加所有基督徒參加的一年一度教會周末學校的野餐。他説："我的一些同胞認爲我是頑固地堅持我們古代中國的宗教，不應該參加那些已經皈依基督教華人的聚會，但這是錯誤的想法。我不能婉拒基督教老師們的邀請，因爲他們對我很好，并爲我的同胞做了很多事情。我欽佩基督徒們，他們對改革事業給予了很大的幫助。"

晚上在唐人街舉行記者招待會。談到清政府時，他説："他們想到的只是物質利益，没有試圖增强軍事力量以抵抗俄羅斯和其他國家的侵略。他們排斥能給國家帶來進步、影響和重生的美國和歐洲文明。

"現時中國是虛弱的，因爲她的人民在精神上不團結。没有愛國心，没有激動人心的民族自豪感。在海外的五百萬華人要解救他們祖國的方法是他們自己從百年沉睡中被激起。西方文明也正在對其有影響。

"我們的政黨正日益壯大，其目的是拯救中國，而它可以爲我們長期遭受苦難的國家帶來力量和成功。這是我的工作。我冀望在海外五百萬的中國移民團結一致，形成一個新的和強大的中國核心。清政府的現況使其不能持續永遠。

"人們正在緩慢但逐步變得清醒。日本已經有一定的影響，但這場戰爭是在偉大的進步中的一個事件。

"這將需要幾十年，甚至幾百年，但是有一天，中國與她的四萬萬人民，會變得強大和有影響。

"慈禧太后的權力不能持久，然而皇帝的前景是好的，會很快獲得自己的權力。現時，人們正準備着一場偉大的社會、工業和物質革命，一場思想和進步的革命，而不是武器的革命。那將是沒有必要的。"

6月27日 今早在費城市政府會見市長 Weaver 先生。[1] 午後，康有爲到紐約。[2]

下午二時，康有爲在荷馬李及兩位秘書的陪同下從費城乘火車到新澤西州的 Hopoken 車站，受到康同璧和趙萬勝（保皇會紐約會長）及費城和紐約的保皇軍的歡迎，後換乘擺渡去紐約。康有爲及衆隨員全部下榻在紐約華爾道夫酒店。隨行人員包括周國賢、羅弼、歐陽彬、譚良、Frederic Poole 牧師和僕人。[3]

---

[1] "Chinese Reformer Talks to Weaver", *The Washington Times*, June 27, 1905.
[2] "Head Chinese Reformer Here ", *New York Times*, June 28, 1905.
[3] "China Prefers One Dog", *New York Times*, June 29, 1905.

1905年（光緒三十一年乙巳）48歲

圖43　1905年紐約勿街上保皇會總部和愛國學堂

6月28日　康有爲抗議美國《排華法案》。①

昨天下午華爾道夫幾家報紙采訪康有爲，中國帝國改革協會的領袖。關于抵制美國貨物和排華條約，他說："從中國的角度來看，抵制美貨的目的不僅僅是期望給予上層華人入境美國以寬鬆對待，而是所有中國人都被接納，就像所有美國人到中國没有任何文件都被接納一樣。"他又補充說："目前抵制美貨的目的不是豁免上層華人，因爲他們總是可以來美國的，而所有希望來到美國的中國人都可以來。"

6月29日　康有爲拜會紐約市長喬治·麥

圖44　在紐約成立大清國愛國學堂

---

① "Kang on Chinese Reform", *New York Daily Tribune*, June 29, 1905.

81

克萊蘭（George McClellan），康同璧、周國賢、荷馬李陪同。①

中國改革家康有爲，在他的女兒及隨行人員的陪同下，昨天參觀了市政廳，并受到麥克萊蘭市長接見。除了他的女兒，所有客人都穿着中國服裝。他的秘書周國賢，在中國維新軍隊的將軍、美國人荷馬李從旁幫助下做翻譯。市長也與各方握手。他祝賀康有爲有機會在中國進行改革，并告訴他對所有改革者給予的巨大尊重。

紐約市長給康有爲一封介紹信，開放所有公共機構給康做考察。②

7月 在紐約成立大清國愛國學堂（Chinese Reform School）。③

7月1日 康有爲在唐人街的小戲園爲保皇會同人演説，周國賢、趙萬勝陪同。④

7月5日 康有爲父女到達波士頓。⑤

康有爲在波士頓對《波士頓導報》記者説："羅斯福總統最近采取的行動在一些措施上放寬了對《排華法案》的嚴格執行，并不能讓中國人民滿意。他們越來越明白，并將堅持要以最惠國的方式被對待，否則抵制美貨的運動將蔓延至整個中華帝國。"

下午，康有爲抵達波士頓，隨行的有康同璧、秘書周國賢、將軍荷馬李、醫生譚良和保鏢歐陽彬，當地保皇會長陳熙（Chin K. Shue）帶領近三百位華商和同仁在車站等候歡迎。隨後到保皇會波士頓分會的總部舉行了歡迎儀式，康有爲做了一個簡短的講話之後，入住美國酒店，那裏將成爲他們在波士頓逗留十日期間的總部。

康有爲是在游覽了歐洲和美國之後，從紐約來到這裏。通過

---

① "Kang Yu Wei Goes to City Hall", *New York Daily Tribune*, June 30, 1905.
② "Kang Sees The Mayor", *The Sun*, New York, June 30, 1905, Image 6.
③ 紐約愛國學校 Van Norden 出版的 *The World Mirror* 雜志，第458頁。
④ "Chinatown's Little Theatre", *New York Daily Tribune*, July 2, 1905.
⑤ "Chinese Reformer Here", *The Boston Herald*, July 6, 1905.

1905年（光緒三十一年乙巳）48歲

翻譯他告訴《波士頓導報》記者，他此行的目的是研究僑胞們在這裏的生活條件，以便能夠爲在國內的同人提供準確的資訊，使千百萬貧困階層的國人清楚地瞭解海外的狀況。

他説："我無處不在敦促中國人，要成爲移民國家的進步公民，接受和采用西方的禮儀、服飾和習慣。這樣纔能更好地融入到西方人中，學好語言和成爲他們社區的有用的成員。我告訴他們，我們的人民必須及時被這個偉大的國家視爲理想的公民，這樣我們每個人都是自由的，而現在對我們實施的這些障礙和限制將被擱置一旁。"

"我對羅斯福總統懷有極大的敬意"，他繼續説："但我知道這是受過教育和有影響力中國人的感覺，但是你們的國家還沒有做到，或者是説在任何方面進一步做到取消（排華的）禁例。"

另一場中國人的大集會被安排在下星期日中午一點三十分，在公園街教堂舉辦，康有爲先生將是主講人。①

7月8日　康有爲一行與波士頓當地保皇會成員合影。②

圖45　康有爲一行與波士頓當地保皇會成員合影

---

① "Chinese Reformer Here", *Boston Herald*, July 6, 1905.
② "Chinamen Await Kang's Address", *Boston Herald*, July 8, 1905.

83

7月9日　康有爲父女在波士頓演講"如何使中國變成世界強國"①。

會議在兩點開始，直到五點纔停。

康有爲呼籲所有中國人都要解救自己的祖國。盡其最大能力來學好英語對每個中國人都是第一重要的事情。他説，英語是最有用的，事實上"文明的進步就是英語語言的進步"。

他向他的聽衆保證，學好英語會理解更多外國人民和外國文明，能更好地從這種知識中獲益。他告訴他們國際間的嫉妒和偏見也是語言不通造成的。

他勾廓出一幅宏圖，是一個偉大的工業和知識喚醒中國的結果，其中包括擴大中國貿易，建立大量銀行、生產機械設備的工廠和車間，等等。關于自然資源的開發，中國有許多豐富的資源，他堅持認爲，應該由中國人自己來開發而不是外國人。在美國和其他國家的中國人要充分利用他們的機會，及時開發那些豐富的自然資源。

在夜晚的公園街教堂舉行的首次大規模會議，吸引了超過1000名中國居民。

會議是由中國改革協會主席康有爲主講。康有爲説：中國一直如此無奈的原因是她的人民傾向于和平、缺乏侵略性，而使列強國家能夠從這個國家獲取利益。康有爲説，所有周圍的國人都期待着皇帝的復位，他是改革運動的領袖。

7月10日　康有爲父女會見波士頓市長。②

7月15日　周六晚七時，康有爲父女到達哈特福德（7月16日—7月19日），隨行有秘書周國賢、醫生譚良、荷馬李將軍、歐陽彬和羅弼。

---

① "Chinese Applaud Reformers", *Boston Daily Globe*, July 10, 1905.
② "Kang at The State House", *Boston Daily Globe*, July 11, 1905.

1905年（光緒三十一年乙巳）48歲

7月16日 康先生昨天下午在市傳道所會堂向當地保皇會同仁發表了講話。部分演説如下："中國一直都是給予所有外國人盡可能多的自由，就像對待中國人自己一樣。我們想要被善待，就像我們善待別人一樣，尤其是在美國。我們希望的不僅僅是學生和商人可以自由進出美國，而是中國的所有階層。""我們認爲美國是世界上最偉大的國家，除了《排華法案》。我們最好的朋友，難道我們一定想要到這裏來嗎？難道我們不可使用任何手段來獲准入境嗎？只要《排華法案》存在，抵制美貨將持續下去。"

7月17日 康有爲父女在科爾特公司購買槍械。

在拜會哈特福特市長後，康有爲父女一行到著名的柯爾特槍械總公司參觀其工廠，并購買了自衛用槍械。康同璧非常熟練地操作，準確地試射了自動手槍和最新式的馬克沁重機槍。

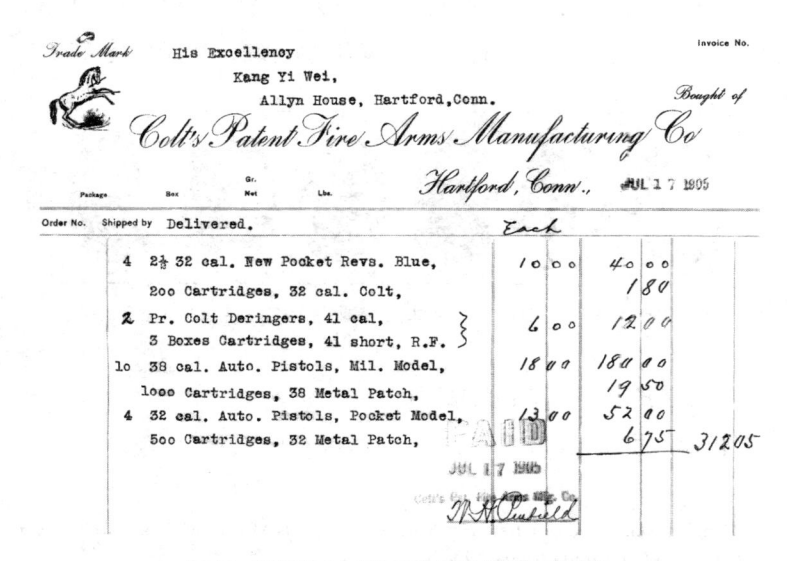

圖46 康有爲父女在柯爾特公司購買槍械的收據

7月19日 康有爲離開哈特福德到紐黑文訪問耶魯大學。①

在去紐約的途中，在紐黑文停留了數小時，康有爲有機會訪問了耶魯大學。

7月20日 紐約籌開保皇會大會。

7月23日 保皇會紐約總部。住在華爾道夫酒店（7月24日—7月28日）。

在紐約召開保皇會大會，光緒卅一年六月廿二午至廿六日夜，凡竭四晝夜之力，合全美及檀山、墨西哥、加拿大十六埠之議員三十人之才明，修訂了《保皇會公議改訂章程》。

8月3日 訪問紐約的新新監獄。②

8月15日 康有爲住在紐約布魯克林。③ 乙巳七月望在紐約。

8月17日 康有爲獲邀在波特蘭舉行的密西西比流域議會大會上發言。此次會議討論的主要議題有東方貿易、移民及《排華法案》等。但從康有爲的行程來看，康有爲并沒有出席此次會議。④

圖47　1905年8月17日，康有爲訪問波特蘭-路易-克拉克展會并發言的報道

9月2日 康有爲訪西點軍校。

朝乘汽車威士潘，閱視兵校潕海灣……閱兵訖，夜乘氣舟自

---

① "Kang Yu Wei, the Chinese Reformer Expected Here, this Afternoon", *New Haven Evening Register*, July 19, 1905; *Hartford Times*, July 20, 1905.
② 新新監獄位于紐約州奧西寧鎮哈得孫河畔，距紐約市大約50公里。
③ Mrs. A. B. Allyn 同日兩次寄掛號信給住在紐約布魯克林的康有爲，《康同璧南溫莎舊藏》，Z-26.
④ "Kang Yu Wei", *Morning Oregonian*, August 17, 1905.

1905年（光緒三十一年乙巳）48歲

哈順河歸紐約。

傍晚，康有爲自紐約直接換車去新罕布什爾州白山度假。

圖 48　美國新罕布什爾州的白山旅館

9月12日　赴芝加哥。

9月14日　夕到升譜。

康有爲致羅斯福總統長信。

這封信是康有爲寫給羅斯福總統的三封信中的第一封。附件中控告慈禧和她的支持者，并強烈支持光緒皇帝復位。附件同時又提到自 1880 年以來康所提出的改革維新的計劃。此信看來是完整和未經修改過的，被發現在華盛頓特區的美國國家檔案館國務院檔案雜信部分。[①] 首頁是手寫，并由康有爲簽名的原信。此信爲英文信，并以英文標識與羅斯福總統的會見日期爲 1905 年 6 月 15 日。

華盛頓特區

尊敬的羅斯福總統先生：

以 6 月 15 日與您會談爲基礎，我請求附上相同提議有關

---

① 美國國家檔案館國務院檔案雜信部分。Miscellaneours Letters of the Department of State（Microcopy 179），Roll 1262, RG 59, National Archives, Washington, D.C.

的兩份備忘録，作爲給您的參考。

我謹祈望您將善意地考慮此事，并采取相應的措施。

如您有回信，請寄至：紐約《中國維新報》社 78 Chatham Sqr. New York。

康有爲（簽名）

附件 1：

皇太后應該讓位的原因和中國在 1865 年到如今四十年的歷史和經歷。（略去附件內容）

9月18日　康有爲二十日往游黃石公園。

9月19日　演説比令、粒士頓。①

9月23日　望淺那州氣連那埠演説會，約有七百中西人士出席，包括州長 Toole 和市長 Purcell。

9月27日　康有爲一行訪問美國蒙他那州的比尤特華人及銅礦。②

康有爲一行經過蒙他那州的比尤特，訪問銅礦時，恰遇美國著名劇團 Ben Hur，并與其成員合影。

9月29日　至碧架失地。

九月一日，由碧架失地至波士拿省表色地，參觀銅礦、造幣廠。二日，赴士卜勒勒。七日，至抓李抓餺。九日，往尼俐噸。十一日，過砵崙。月到張順。經小路深至落基山盡處。

10月1日　乘車到華盛頓州士卜勒勒。

---

① "Americans Interested", *The Billings Gazette*, September 19, 1905.
② "Kang Yu Wei in Butte", *News Montana—the Anaconda Standard*, September 27, 1905.

1905年（光緒三十一年乙巳）48歲

圖49　康有爲（樓梯中排左一）一行與美國著名劇團 Ben Hur 的合影
注：隨行有譚張孝（樓梯中排右一）、周國賢（樓梯前排中），其他人是劇組的演員和製作人員。

10月5日　康有爲自抓李抓罅埠寫信與康同璧，自黄石公園出游西北各埠。

"自黄石公園出游西北各埠。（後日）即去砵崙看會。"① 康有爲收到荷馬李信，説有人在華盛頓告發干城學校爲教兵起亂，所以敦促康有爲往加拿大暫避，但康決定直接去墨西哥。康有爲離開抓李抓罅埠（Walla Walla），經片利頓（Pendleton，WA）同行私人翻譯周國賢和醫生譚良。

是日，在片利頓埠做演講。②

康有爲説："雖然現在官僚和皇室成員們對改革想法依然是不情願，但改革者們看到的是清政府對改革有了更多的寬容和支持。他游歷過歐洲、埃及、美國和南美洲，爲了振興中華和將現代思想帶入中國，這是改革協會考察每一個文明國家的目的。"報道中還

---

① 《康同璧南温莎舊藏》（康29）。
② "Famous Chinaman Hong You Wai Passed Through Pendleton", *Daily East Oregonian*, Pendleton, Oregon, October 5, 1905.

說，他不避諱討論美國排除中國勞工這個話題，認爲這是美國做的一項錯誤決定。他希望建立更緊密的商貿關係，那將會使美國較寬鬆地對待和允許各階層有自立經濟的中國人入境。

10月7日 專程到砵崙參觀"1905年砵崙亞太博覽會"[①]。

圖50 1905年砵崙亞太博覽會

10月8日 訪問砵崙亞太博覽會期間，不討論抵制美貨問題。[②]

報道說："他在波特蘭僅僅是參觀博覽會，他的來臨与現在干擾中美之間關係問題沒有任何關係。他因此不想討論其他任何有關事項。他將在波特蘭待幾天，然後去三藩進行一次短暫的訪問。"

10月13日 與康同璧書，將去墨西哥。[③]

"頃加拉寬尼省干城被封，有謂累及我者；有謂美約，美國查知我者；有謂紐約大變，趙某欲辭職，流聞種種，我居難安，亦欲往墨矣。"

---

① 1905年砵崙亞太博覽會（Lewis and Clark Centennial and American Pacific Exposition），1905年6月1日—1905年10月15日，康有爲趕在閉幕之前來參觀。
② "Won't Discuss Boycott", *Morning Oregonian, 1861-1937*, Portland Or., October 9, 1905, Image 7.
③ 《康同璧南温莎舊藏》（康28）。

1905年（光緒三十一年乙巳）48歲

10月15日　薛錦琴來此拜見康有爲。①
10月16日　康有爲訪問愛達荷州博伊西。
10月17日　訪問猶他州奧格登。
10月19日　康有爲早到達愛達華州首府博伊西，晚間將爲公衆做演說。②

在他訪問博伊西期間，他每天晚上都要在當地的救世軍禮堂裏看望他的同胞們，嚮他們做演講，演講將向公衆開放，但只以中文演講，而且演講場地也是免費的。

10月20日　康有爲在博伊西會見愛達荷州州長。③

拜訪愛達荷州州長古丁，陪同的有翻譯周國賢、秘書林兆生及楊靈石。

同日，寫信給康同璧說："前得卓如書，言孫文因吾會難，勢運東學生（入京）謀害皇上，我已電北京洩之，寧我事不成，不欲令彼事成也。此人險毒已甚，今覆來此，必專爲謀我，我還紐本無事，不過爲開銀行耳，然立于險地，實非宜（且拒約事洩），故決

---

① 見《徵信錄》，載方志欽主編，蔡惠堯助編：《康梁與保皇會——譚良在美國所藏資料彙編》，香港銀河出版社2008年版。1901年3月24日，在上海張氏味純園反俄侵佔東北迫清政府簽條約的演講會上，16歲的愛國女孩薛錦琴登臺演講，是中國有史以來女子參與政治活動并當衆演說之先驅者。她曾在上海中西女塾就讀，1901年7月29日隨陳錦濤、嚴錦榮離滬，赴日、美游學。1901—1902年薛在日本期間與梁熟，表示想參與暗殺慈禧太后的計劃。梁啓超于1904年底發表了《中國之武士道》，崇尚武士精神。薛錦琴于1905年10月15日到硑崙晉見康有爲，康㲋定供養薛，并雪藏之。在保皇會內部，康以"五十"來代表薛。隨著慈禧太后日漸衰老，已無刺殺的必要。薛錦琴于1913年畢業于美國的德堡大學（DePauw University）化學系，獲學士學位，又進芝加哥大學進修幼稚教育學。1914年9月返滬，創立誠正女校，任校長。康有爲弟子梁朝傑1919年曾賦詞讚揚薛錦琴"欲替生靈填恨海，彼千年精衛何曾死。身可滅，心扉悔"，稱贊一個弱女子願以身救國的膽氣。
② "Exiled Oriental Due in Boise This Morning", *Paper Idaho Statesman* (Boise, Idaho), October 19, 1905.
③ "KYW Visited Governor Gooding Yesterday", *Paper Idaho Statesman*, October 21, 1905.

不東還，即入墨矣。"①

10月27日　科羅拉多州的大章克申（Grand Junction）。

十一月一日，抵閔陀羅氏。二日，宿要離②，四面雪山，中通一路，乘馬車上山。三日，午登絕頂。五日，遇免駕士③行盡落機山矣。南即新墨西哥境。六日，東返至顛匪淺，轉車往乾沙色地，到密士失必河，河高平地五尺，常有崩決，築堤束水之法。

10月28日　科羅拉多州蒙特羅斯（文羅）。
10月29日　夜宿科羅拉多州要離（落基山）。
10月30日　自要離改用馬車上山，午時抵落基山巔峰。④

少憩，易馬下車。五日，過免駕士行盡落機山矣。南即新墨西哥境。落機山盡處行，自要離思父士頓山道⑤中七十里，九月白雲滿山，岩壑甚美。

11月1日　在落基山巔，作長詩"東方登白山，西游黃石園"。

穿落機山［落基山］高處。行盡落機山，南入新墨西哥境內，遇水利長波，告我此稻田似中國溝洫，遺迹猶存。亞士端⑥

---

① 《與同璧書（康30）》（1905年10月20日），《康同璧南溫莎舊藏》。先生令保皇會全力阻止孫文謀害光緒。
② 要離，英文名Ouray, CO。CO，科羅拉多州的縮寫。
③ 免駕士，英文名Mancos, CO。
④ 康有為著，樓宇烈整理：《康南海自編年譜（外二種）》，中華書局2012年版，第63頁。
⑤ 思父士頓山道，英文名Silverton Mountain Road。
⑥ 亞士端，英文名Aztec，位于美國新墨西哥州。

1905年（光緒三十一年乙巳）48歲

有古屋數十戶，云二千年，皆石爲之。有樓二三層，形似中國，今雖亂毀，遺迹猶存。

11月2日　自丹佛，經堪薩斯城、聖路易，赴新奧逗。
11月7日　致譚良，辦酒樓，爲興學育才大舉。①

　　數書悉。

　　昨日始到新藟，擬直出紐柯蓮入墨，不返紐約，知堪就撫。出美後當照辦酒樓事，可函亟辦，不必待款全到，即此足開辦有餘矣。即交來亦不過再交三千金，至易。至少即我出墨亦容易辦，汝何慮焉？我隨收隨交汝便是。頃電查紐約，文暢已一切誤匯港，今已截文暢矣。後此由我直匯汝便是，誠無庸驚動文暢。有款即匯汝，亦無庸多追，一面放心速辦。

　　外體以雅麗爲主，不必如瓊宴之多鋪金反俗也。外國人于顏色之學，講求相配。汝游大客棧多矣，豈在多鋪金乎？在花樣雅麗，切記切記！照砵崙客棧藍白花甚好。

　　羅弼與堪太熟，我憂爲其所惑，俟再商。

　　此事爲興學育纔大舉，無論如何，我撥聯衛款、公款亦當撥足。此事重大，付托于汝。汝太謹慎畏葸，則遲誤失事機矣。安有捧七千巨金，而白坐者乎？即虧息亦甚多矣！速辦！速辦！無復多遲疑以誤事。忙甚，餘不及復。問孝弟

　　動定

　　　　　　　　　　　　　　　　　　十月十一日

11月11日　抵新奧連，不在計劃之內的暫停布滿。

---

① 《徵信録》，載方志欽主編，蔡惠堯助編：《康梁與保皇會——譚良在美國所藏資料彙編》。

十一月三日，自新村 San Antonio 乘汽車離美往游墨西哥。美墨間以一路間河 Rio Grande 分界。六日至菜苑，小住，詳考其銀礦銀局。

11月20日 致譚良，確定將原本計劃在洛杉磯開的酒樓，轉往芝加哥。①

11月23日 到達美屬新村（在美國的最後一站）。

11月24日 致譚良，入股瓊樓、墨國買地、建銀行已決。②

來書各章程收，所擬章程甚好。兩個月一分，最妙于供養學者。今已商定如何實做股一萬五千元，抑一萬二千元乎？寄芝埠各書收否？至會便道一往紐約整頓銀行事否？此間買地已決，并作一銀行以張大之，則藉銀行之轉動以為買地之增益尤速。苟能有十萬呈墨官驗視，後此但得三萬六千，即有十萬銀紙轉運矣。是白得六萬五千元本也，將來展［輾］轉推大，可成內地之大銀行。已令君力來矣。此問張孝弟

動定

冬前三日

11月25日 致梁啟勛書，明日入墨，派人游學，留意廣智。

明日入墨矣。美約一事，美人似頗知我所為。若知，可查報我。

---

① 《徵信錄》，載方志欽主編，蔡惠堯助編：《康梁與保皇會——譚良在美國所藏資料彙編》。

② 《徵信錄》，載方志欽主編，蔡惠堯助編：《康梁與保皇會——譚良在美國所藏資料彙編》。

1905年（光緒三十一年乙巳）48歲

芝埠各事皆未舉行，其他尚可。若聯衛乃籌款之要，今派卅人日本游學，派十人歐美游學，若聯衛不大成，則我擔此款，甚難矣。

望弟留意廣智，本太重，實難，有累我大局。吾决歸還新招之股（但不知連舊股清交好，抑聽之人，汝思之），以鬆汝兄之擔，俾汝兄得游學也。今匯汝卅金，可收，學費足否？可隨時告我（有書寄黃寬焯轉交可也）。墨總統有書來接，此行于辟地或少有得。南洋購得一地卅餘哩，稍放心也。此問仲策弟學益

明夷

十月廿九日

11月29日 離開美屬新村，同日到達墨西哥菜苑（托雷翁）。
康有爲來到墨西哥北部的菜苑，住在 J. W. Lim 醫生家裏，將近兩個月。直到1月23日乘火車沿墨西哥中央鐵路到達墨西哥城。在這裏，商務公司的北美運作成功。

11月30日 康有爲自菜苑致函荷馬李，免去其美國干城學校總司令職務。①

12月7日 康有爲致譚良，由菜苑發來之電認購瓊彩樓股一萬五千元至二萬元。②

12月10日 康有爲將滯留在托雷翁，直到他的私人秘書病愈。③
墨西哥保皇會總理黃寬焯發布一份公告，說康有爲此行是爲了兌現對墨西哥總統的承諾，來墨訪問并向總統致謝。昨天收到黃寬

---

① "Home Lea Loses His Peacock Feather", *San Francisco Chronicle*, December. 30, 1905.
② 《徵信錄》，載方志欽主編，蔡惠堯助編：《康梁與保皇會——譚良在美國所藏資料彙編》。
③ "Kang Yu Wai's Secretary is Sick at Torreón", *The Mexican Herald*, December 10, 1905.

焯的信中提到，康有爲要等到他的秘書病愈纔可以來墨京，他正好利用這段時間編輯此次美國行搜集到的資料，黃寬焯還暗示總會長康有爲同時正在準備一些其他的重要文件。

12月13日 聯衛部款養學者。

  書悉。
  經年游美所籌得，聯衛內外部計歲必得二三萬圓。此外尚有公款、清舊款、繳票款，一切累積之以爲雜費。今定以美金一萬，養歐美學者，華金一萬，養日本學者（恐不支，擬作商業支持之），以此三萬爲度，真既竭吾力矣。派人除今林鐸、國賢數人外，已令濱、滬、港公舉同學有志者。
  岳崧之事，我知之。其夥（湯甚橫悍，甚至謂我召之，而欲登報攻我，可告人勿信之）已有數書來攻之，甚矣。然此事我知根由，其湯某定不足信也。其人實無他，惟少不可則掉頭而去，及不識人情耳（今其未接我書而去，想又有他支離）。汝有何他聞，可告我。今者湯言概不足信。此問學益
  仲策弟
            十一月十七日[①]

12月26日 會事總論，開發墨西哥。[②]

  又，墨中有一大利，今乃查出，以銀磚運還中國，每元賺十八先，則有百萬本，每水可賺十八萬，一年九水，可賺數百萬矣。

---

① 編者按：此信寄自墨西哥托雷翁。
② 《致譚張孝書（1905年12月26日）》，載方志欽主編，蔡惠堯助編：《康梁與保皇會——譚良在美國所藏資料彙編》，第66頁。

1905年（光緒三十一年乙巳）48歲

墨中辦銀行最相宜。入章之先，繳二成現銀存官庫；開張之後，須有三分之一存夾萬，而二成亦發還。其發銀紙三倍于其本，蓋新國欲開利源，故如此之優也，各國皆無之矣。吾今決欲開一四十萬之銀行，則可得百二，五十萬銀紙。若四十萬，則以八萬（美銀四萬耳）繳庫（五十萬則須十萬），至開張時，須籌借得十餘萬存夾萬中一日（如芝埠酒樓款，借得一日即可成），以備其一視，則可領百餘萬之銀紙矣。既得此百餘萬之銀紙，則中國之銀行可紛紛領辦，而銀磚可運售，地可大買矣。若有大力，能有二三十萬本（得美銀廿萬，無不可爲），則可作百萬之銀行，可領三百萬之銀紙。長袖善舞，大利無窮。以我會之大，豈此三十萬不能籌耶（計寬焯來必可籌）？所恨前款分散，今決聚全力以爲之。吾著書甚忙，覆信甚多，以上各情，可照此做，詳晰序略，反復明之，告《維新》、《文興》及商會。

12月27日 致譚良，墨中銀行。①

墨中銀行真第一妙事，但須四個月後乃能開張領銀紙，滯本數月爲可畏。此次寬焯入美，如陳宜禧必有成，恐成時中國可領，而爲此間所誤也。故領百萬否？未決，然以廿萬本而得三百萬銀紙，天下大利，孰有如此？今決聚全力辦此。吾頃在此杜門編《歐洲游記》，汝處有歐洲之各國書，望即寄來，日爾曼史、英德法各國史皆要，勿遲。并可問宜侃搜之。

十二月二日

---

① 《徵信錄》，載方志欽主編，蔡惠堯助編：《康梁與保皇會——譚良在美國所藏資料彙編》。

1906年（光緒三十二年丙午）49歲

光緒三十二年丙午（一九○六年）先君四十九歲

正月二日，先君至墨京，黄寬焯、黄日初讓屋以居。廿二日，游炮廠、武備大學、博物館。

二月，游兵帶皮料廠、製棉籽油廠。

三月，游墨京城外滑打碌比大寺古廟，又觀摩乙埠之華文碑，及銅鏡作"福壽吉祥"四字，爲華人修路掘得者。

訪墨總統爹亞士于前墨王避暑行宫，年已七十有八，目光如電，觀各國君相骨相，未見有其權奇者。先君爲憲政黨開銀行、築鐵路、置地十里，建二石樓爲移民基礎。自歐美游兩載無少息，存稿數十，書數册，遷運爲難，至是晨夕籌燈閉户著書，復如諸生時，因題曰"著書廬"。

四月，游架丹古宫，及蔑地之孟常蘇寫之宫。黄寬焯、黄日初請一墨人教書，謂其種出于吾族，壺瓜名曰瓜壺，粟名曰米粟，用法皆同。墨西哥人種出自誰何，今歐美皆無定據。先君游蔑㵎，覩其古王宫廟，皆五百年前物，以吾國北方廣式紅墙層門，其石與西伯利亞博物院中物皆同，乃知確自鮮卑傳來也。賦詩以紀之。

五月，初至胡克家，墨總統爹亞士即胡克家人，少放牛，不識字，十六歲就學，得律師，一八五七年舉爲總

1906年（光緒三十二年丙午）49歲

統，車過多尾烟時，店主樹大幅龍旗，打鑼燃炮以迎，具餐奏樂，同車有胡克家州長，誤以爲接州長，不知其接已也，忽見故人，聞故國之樂，爲之欣然。二十二日，游兵營，墨某將軍陪視軍裝圖畫各室，又游博物院。二十三日，視察監獄。二十七日，訪舊京的根刀亞之地壇神廟，管古迹官沙羅乙羅來訪，贈墨古迹書七本。

留墨半載，貫其南北，政治風俗考察殆遍。該國母山爲瘠，左右斜落爲平原，地瘠民貧。二千里不生草木，天寒皆無衣褐，而以毡貫頸，風化新沓皆守舊也，先君賦詩一章，以志鴻爪。

六月，泛舟大西洋赴歐，至是已五渡矣。著《五渡大西洋歌》。

七月，在美蘭那觀博覽大會，順游佛羅練士讀畫。佛羅練士爲意國中原，全歐畫人皆會于此。博物館凡八，皆宏妙可觀。同璧來此同游，旋赴德參觀克虜伯炮廠。

八月，赴瑞典重游稍士巴頓。先君以瑞典島嶼百億、山水明秀，買山以隱，題名避島卜居，號曰"北海廬"。自是即以瑞典爲固定地，家近瑞王離宮，時常往來。先君居瑞典避島十餘日，思歸未得。自光緒丙午秋至戊申秋，漫游歐土之作，都曰《避島詩集》。凡九十九首。

聞老友梁鐵君在天津被袁世凱毒殺，賦詩哭之。

十一月，再游德國。二十日，抵柏林，先後九至，再觀其王宮。武庫及威廉第一故宮、歷代先王遺藏殿。既而出柏林、游溫氏湖，觀墨來因。德人愛來因河如命，路易十四取來因，德遂分散而破碎，至俾士麥破法，又憑來因而俯瞰巴黎，如春秋之爭虎牢，南北朝之爭江淮。循河數百里，皆巍巍之战墨也。著《來因河觀墨記》，以饗國人。

99

十二月一日夕，自嘻順公國京渡來因河，過怯倫登廟，塔高六百尺，自宋理宗時築至同治二年落成，凡八百年，世界巨工無出其右者。往荷京游其王宮、議院及藏書樓，又赴亞連侯離宮，覽萬國弭兵會所。四日，至亞痕。亞痕爲沙立曼王故都，遺店即藏其骨，玉几在焉。古物十櫥皆千年以上，沙立曼骨之金棺即在櫥中，非別有陵也。有詩記之。六日，至比利時，轉道赴巴黎小住。十二日，自加悟往游蒙德卡羅，小國也。國土略當吾國方圓十五里，人口僅二萬，然其宮室服飾戲樂飲食皆冠絕歐洲。至冬草木不凋，青葱彌望，所以供人欲者，無不至精至妙，遂成一極怪極樂之國，爲歐洲避寒勝地。先君著《滿的加羅游記》，譽之爲大地極樂園。益知春秋之鄭衛聲色獨盛，非無故也。十六日，至班京，游王宮。二十日，赴陀鼇度，觀其古廟、回宮及陸軍學校。二十二日，地可度華，城碟環河、後倚群山，道路人家直與墨國同風。二十四日，游舊京迦憐拿大回教故宮及其廟院，地居群山中，風緻尚佳。二十五日，赴直布羅陀，山勢跂起如孤島，雄峻異常，向晚燈火熒煌，兵船環泊。旋赴摩洛哥今京亞費，訪其王，居民半化，街道穢隘，無足觀也。除夕赴當之，渡海至稽鐵士，在此度歲。稽鐵士在班得美洲最盛，現已大衰。自西班牙經直布羅陀，朝行夕至，已歷兩洲三國家年地角，爲之感懷，賦詩。

《南海康先生年譜續編》康同璧 1958

1月17日 墨銀、置地及墨人事安排。[①]

---

① 《致譚張孝書（＃125）》，《康梁與保皇會》。

1906年（光緒三十二年丙午）49歲

書收。

儀、銘兩處皆已照行，銘久托之。

此間大銀行決辦。惟墨稅甚貴，每百抽六。將來百萬之公司所費數萬，則不值矣。若自小公司展大者，則將來不須印花稅，故今決先開小公司，以省將來之費也。

又，買地（而有銀行）聲名較好，亦易獲利，故決辦公司入章，至少須三名（例須七名）。黃寬焯及司徒國蔭二人皆富豪，最可信者。黃日初則辦事人。此三名外，用君力，吾欲弟亦預名，將來或大銀行開，弟來主之不定也。弟如何？若弟預名，弟做此股尤妥，如何？可復。此問

動定

張孝弟　十二月二十三日

抑由華益分支寫付權紙來。吾未辦此，又無人助，可查借例詳告。

此事全靠吾款，而吾黨無多名不妥。君力與弟，或季雨，再用何人？

1月23日　乘火車沿墨西哥中央鐵路到達墨西哥城，黃寬焯、黃日初讓屋以居。

1月30日　未能見墨總統，離開米特拉（Mitla）。[①]

康有為在墨西哥城給美國羅斯福總統寫了一封長信（英文信）。

此信是康有為在離開美國、住在墨西哥時寫的。此信的重要性不僅僅在于他和羅斯福總統的會談，還有他的改革計劃和他對美國華人平等權利的關注。此信被白宮轉遞到商務勞工部回復，其後被存檔于移民部中國檔案（No.12264）中，現存于美國國家檔案

---

① "Kong Yu Wei May Have to Leave Without Being Able to See the President", *The Mexican Herald*, 1906-01-30.

館。商務勞工部長 Victor H. Metcalf 回復說"已經過仔細的考慮",其後也被記載在國會文件 Compilation From Records of the Bureau of Immigration of Facts Concerning the Enforcement of the Chinese Exclusion Laws 中。原信是有康有爲英文簽名打字版本,共 26 頁打印紙約 6000 字的長信,就美國對待華人問題提出建議。

2月15日 經過三周忙于打點生意,康有爲自 2 月 15 日開始到周邊旅游,走訪了炮廠、武備大學、博物館。[①]

2月 游兵帶皮料廠、製棉籽油廠。

3月 游墨京城外滑打碌比大寺[②]古廟,又觀摩乙埠之華文碑及銅鏡作"福壽吉祥"四字,爲華人修路掘得者。

圖 51　墨西哥城大教堂

　　自歐美游兩載無少息,游稿數十,畫可數册,遷運爲難。逋客無家,入墨無可游。主人黄寬焯與醫士黄日初議讓屋,居我三月[③]。晨夕篝燈,閉戶著書,復如諸生時,因題曰"著書廬"。

---

① Jung-Pang Lo(羅榮邦)ed., Kang Yu-wei, A Biography and A Symposium, p. 201.
② 滑打碌比大寺,英文名 The Cathedral of Guadalupe Hidalgo.
③ "主人"至此,稿本作"又南與巴西不相通,居萊苑三月"。編者按:未見原稿,不知此爲"菜苑"還是"萊苑"。

1906年（光緒三十二年丙午）49歲

亞非歐美倦游餘，息轍燃燈事著書。
萊苑高齋三月卧，逍遥游亦作吾廬。

按：1906年，清政府頒布預備立憲，康有爲發出文告："以爲中國祇可君主立憲，不能行共和革命，若行革命，則内訌分争，而促外之瓜分。"又説"今上不危，無待于保"，宣布舊保皇會"告蕆"，于1907年2月13日（光緒三十三年春節）改爲"國民憲政會"。3月23日，在美國紐約召開大會，康有爲自歐洲趕赴，"議行君主立憲"。國民憲政會正式定名爲"帝國憲政會"，對外則稱"中華帝國憲政會"，"以尊帝室爲旨"，成爲繼續抵制革命、鼓吹"憲政"的政治團體。

3月8日 寫信給梁啓勛調查美國鐵路公司獲利實數，在北美欲招粵漢鐵路股。

仲策弟，久不得書，甚念。

頃欲招粵漢鐵路股，望查美國各鐵路公司獲利實數。速交來以便作文，即派儀侃爲招辦人也。《血書》[①]刻出無謂，前已令汝勿刻之，吾國人豈愚，猶不能知此乎？此等過去已舊之方，服之何爲？此問

學益　二月十四日

汝若難查可囑陳煜，并作我問之。新住址可付來。

4月3日 此地華墨銀行日間開。

九月後此學費可向張孝支取。代辦總局收美中款，設于紐

[①] 此書爲1905年梁啓勛（仲策）與程天斗合譯，由上海廣智書局出版的一本暗殺專書。該書英文書名爲 *Famous Assassinations of History From Hilip of Macedon*，作者爲 Francis Johnson。

约，支离甚多。吾与张孝共事久，见其缜密精细周到，甚欲以财权托付之。惟其辈小而僻，汇兑还港及各处未便，汝谓如何？

汝兄决欲游学，吾甚以为然。昔苦无款，惟汝兄手尾须四万金，乃能掉臂游行，而学费、家费尚在外。此事极重大艰难，然欲汝兄成此学，不可以已。吾已拼力任之，已复汝兄矣。

今所最要者银行一事，各人皆不知，真可惜。今朱萱以五十万得江南全省，岂不大便宜！汝今歇学，可为我多作书，一鼓舞各埠（书当极详），一解明于滨、沪、港诸人，免人衹知铁路而不知银行也（惟汝知之至详，又可为我作一详书寄加拿大君勉收，彼来招路股也）。

桂林抚藩皆佳，藩张鸣岐有书与汝兄，邀博往。吾欲博就袁。惟桂未有银行，我欲博领出国立银行，若领出后招股自易，此大机也，不可失。可详告汝兄及博商之。铁路粤中已得五百万，不患不成。只为公益则成矣，无须吾会之助，而铁还为吾银行之累矣。今当力辄之。此复问

仲策弟勱定

三月十日

此间无船往巴西，将再返美，不日行。此地华墨银行日间开。已电君力还，司理此间买地事，诚可人。在美中有送我款者，吾买地二千九，一日而售，得三千七。又买一地二千一，今又有还三千者矣。吾今以保会合于商会，做此银行（已买地四万元），或美保会得所赢以还旧，而养学者也。

"为宪政党去墨筹开银行，筑铁路，并置地十里，建二石楼焉。留墨半载，贯其南北。"[1]

---

[1] 康有为著，楼宇烈整理：《康南海自编年谱（外二种）》，第129页。

1906年（光緒三十二年丙午）49歲

4月19日 康有爲離開墨西哥的坦皮科。

康有爲到達墨西哥坦皮科，同人黄寬焯、潮清和昂傑兄弟專程從千里之外趕來爲康有爲送行。

圖52　菜苑埠（托雷翁城）内的華墨银行

康有爲賦詩以記：

　　光緒三十二年三月，將放洋入美探必固①，泛舟垂釣入探馬施河②，故人有黄寬焯、潮清、昂傑兄弟自數千里來送，携酒擘蟹極樂。賦詩以記送行諸子之深情也。

　　　　菰蘆瑟瑟水如油，滄海茫茫試泛舟。
　　　　頗欲釣鰲旋地軸，且將擘蟹對濤頭。
　　　　浪花撲袖高三尺，仙夢隨風度十洲。
　　　　大西洋水深千丈，送我深情記此游。
　　　　　　（康有爲撰，姜義華、張榮華編校：《康有爲全集》
　　　　　　　　　　　　　　　第十二集，第270頁）

---

① 探必固（Tampico），墨西哥港口城市，今譯坦皮科。康有爲1906年4月19日（光緒卅二年三月廿五日）離開探必固返美。
② 入探馬施河 Río Tamesí River (Pánuco River)，流經探必固。

105

美國領事山姆・E. 麥吉爾替康有爲請求重新進入美國，在隨行秦陽、林兆生的陪同下，4月19日離開坦皮科。①

4月28日　康有爲自墨西哥抵達紐約。②

昨天康有爲乘"尼亞加拉"號郵船，從墨西哥坦皮科到達紐約。他正在旅游考察南北美洲和歐洲，尋找適用于中國的政治和經濟改革事宜。他以前訪問過紐約，這次他急着要去歐洲，所以在紐約只待幾天。在他之前的旅行中，特别是俄羅斯，他一直試圖避開到那裏旅行，因爲當時的日俄戰爭和會被誤認爲是日本人會帶來不便。

4月30日　康有爲在紐約接受采訪。③

上午，中國改革協會主席康有爲在接受一份晨報的采訪時説："中國已經不再處于黑暗時代。經過多年的努力，她已經達到日本七年前的水平。是日本人放慢了學習嗎？是因爲他們是開拓者，我們是繼承者。例如，我們現在有超過兩萬中國學生追求先進的現代課程學習，普通學校也是這樣，在廣東省我們建立了有大約兩千所學校。現在有四百萬中國人在講英語，我們的朝廷也在按英國系統進行調整；我們有大概超過一萬種美國、英國和歐洲的工程技術書籍在使用，其中大部分涉及進步運動。

"中國現在知道自己的資源和權利將不再被侵略。如果有必要，她也已經準備好了保衛自己的大炮和長劍。"

6月3日　寫信給譚張孝，説墨西哥百萬銀行將成，欲其代理總辦。④

8月1日　《墨西哥先驅報》1906年8月1日的報道⑤中説，從

---

① NARA Microcopy T715 Passenger Lists, 1906.7, p.1.
② "Kang Yu Wei Arrived Yesterday from Tampico, Mexico", *The Sun,* New York, April 29, 1906.
③ "Kang Yu Wei interview at New York", *Daily Star and Herald*, April 28, 1906.
④ 《致譚張孝書》，載方志欽主編，蔡惠堯助編：《康梁與保皇會——譚良在美國所藏資料彙編》，第71頁。
⑤ "The Chinese-Mexican Bank of Torreón", *The Mexican Herald*, August 1, 1906.

1906年（光緒三十二年丙午）49歲

托雷翁來的消息，有一個關于建立華墨銀行的完整計劃，已被提交并接受。新樓將是一座兩層的石質建築，二樓將裝修成辦公室。托雷翁的承建商已開始建築設計，并儘早開工。該銀行將成爲托雷翁銀行業的重要組成部分，發起人也要求墨西哥政府給予特准。

8月6日　在波利磨[①]，携同他的四位隨行。

8月15日　康有爲離開紐約，有五百人到碼頭送行。[②]

是日，有五百名華人聚集在霍博肯的碼頭上爲康有爲送行。

8月20日　到意大利米蘭。

8月　丙午秋七月，游瑞士，居柳街諾[③]、德國埃森，游克虜伯公司。

9月1日　清政府公告憲政改革，保皇會決定改名"帝國憲政會"。

9月3日　丙午七月望，在米蘭。康有爲父女參觀意大利米蘭世博會。

圖53　1906年米蘭世博會

後來赴瑞典，重游稍士巴頓。買山以隱，題名避島卜居，號曰"北海廬"。

---

① 波利磨（Baltimore），今稱巴爾的摩，在美國馬里蘭州。
② "Kang Yu Wei Utters Praise Before Leaving College", *Belvidere Daily Republican*, September 12, 1906.
③ 柳街諾，今稱盧加諾，在瑞士南部。

10月20日 康有爲致書譚良，談及關于墨西哥建電車路須款數十萬，但是北美和墨西哥保皇會遲遲無應。而且在譚良經手投資十餘萬，在芝加哥所開的瓊彩樓，無法籌還本金，望譚良設法籌數萬元來應付在歐洲購買電車之急。①

  墨中電車須款數十萬，頃福基等頻頻查問；且寬、日②等到紐查，無以應電車之辦，甚不妥！芝事皆弟經手（去十餘萬難籌還），必當籌還數萬以應之。

  弟去年言轉易甚易，今不可不踐言。

  又，去年夏初借萬元，一分息者，訂三個月交還。今一年本息皆絕不交，不提還，而電車事迫不及待，弟可速籌還。此是弟然諾經手，不得以無力辭。凡借款皆當量而後入，苟不計還之，然否？行必至公，信而有同，故欺［其］憚之。此問

  張孝弟

九月三日

  況芝樓八月後生意當佳，每日提還多少，可告我。應每日提還一二百乃合。③

澳洲《東華報》報道有關華墨銀行招股事。

10月21日 《布告百七十餘埠會衆丁未新年元旦舉大慶典告藏》發表，保皇會改名爲"帝國憲政會"。

11月 光緒三十二年孟冬，《行慶改會簡要章程》未錄于《康有爲全集》。

  （一）本會以救中國爲旨，昔以皇上變法，捨身救民，蒙

---

① 《致譚張孝書（＃120）》，《譚良檔案》。
② 黄寬焯與醫士黄日初。
③ 編者按：此信係康有爲親筆，不署名。

1906年（光緒三十二年丙午）49歲

險難。會眾感戴，以爲非保聖主，不能保中國，故立會以保皇爲義。今皇上不危，無待于保。會務告蕆，適當明詔，舉行憲政。國民宜預備講求。故今改保皇會名爲國民憲政會，亦稱爲國民憲政黨，以講求憲法，更求進步。

（七）舊會以保危爲義，故戰兢惕勵，有冒險之行；今會以圖強爲旨，但蹈厲發揚，爲進取之事，今尤易矣。然憲政爲國民合集之點，國民先盡義務，定其名分，講求國事，同擔荷之，憲政乃可望美備，此我會之責也。凡我同志，生逢此時，爲憲政之國民，豈非至幸，當共發憤，以爲憲政國民之資格，以爲地球第一大國之資格。

（廿四）海軍最關強國之本，各國兵費皆由國民擔荷，故海軍捐宜踴躍捐輸。

12月15日 在紐約保皇會總部的會議上，宣布《中國維新報》自發行以來非常成功，并決定擴大發行到美國主要城市。還宣布在墨西哥的華墨銀行新樓正在加緊修建，而且要到美國和加拿大的各主要城市開設分行。其初始計劃發行的160万美金的銀行股，超出半數的已經被認購了。①

12月20日 墨中電車路事無從籌大款，憂不可言！②

張孝弟：
　來兩書已收。壽儀事今始得白，故知炳雅最可信也。
　芝樓能揭三萬，速清最佳。
　昌③欠五百，亦當追清。

---

① "Chinese in Banking Business", *La Grande Evening Observer*, December 15, 1906, Image 1.
② 《致譚張孝書（1906年12月20日）》，載方志欽主編，蔡惠堯助編：《康梁與保皇會——譚良在美國所藏資料彙編》，第79頁。
③ 昌，指譚昌，譚張孝堂弟。

109

视李福基寫我書，何堪任此！我已告之芝事。

芝樓久派定（季）雨、銘（三）二人會同督辦，而二人擅撥巨款與汝（同有責任），又復從容退讓（數目不行），或亦必請汝還主芝事（汝安此行，誠如汝言），可謂奇聞！

吾已有書痛責，汝可電書交迫此二人來芝督辦一切；否則，吾惟有催汝還芝而已。斷無有以巨款付數散人，汝度不能行（吾亦不至無情强汝行），則力促此二人到芝主辦可也。餘已詳前面言。此問

動定

十一月五日

爲電車路事無從籌大款，憂不可言！

是日，瓊彩樓在芝加哥開張①，瓊彩樓的建立是保皇會教育事業的一部分，其收益用于資助保皇會選派的留學生。

是歲秋冬，游意大利、瑞典、丹麥、挪威、比利時、荷蘭、德國、法國、英國、西班牙、摩洛哥。除夕，抵西班牙。

圖54　芝加哥最奢华的中餐館"瓊彩樓"
注：該餐館是保皇會1906年在美國芝加哥開辦的，裝修豪华、优雅，充满时尚气息。開設的目的是希望將其贏利資助學生。

① *The Chicago Daily Tribune*, December 22, 1906.

110

1907年（光緒三十三年丁未）50歲

光緒三十三年丁未（一九〇七年）先君五十歲

元旦，自稽鐵士赴西班牙女王古京篩非，在篩非道中，見班后以沙伯拉受科倫布獻美洲地圖像，及游其古寺，又見班始王非難第一與女王以沙伯拉結婚圖及其兩棺，及科倫布棺以四校金冕綠繡裳扛之。三人者，爲歐土文明之導而餘波及于大地者也。七日，至葡萄牙邊境，遇盜同車，鳴槍示警，未遭毒手，班葡民貧故多盜，而交界尤甚。八日，抵葡京里斯本，臨海依山，形勢頗勝。九日，復過比而褭斯大山，千岩萬壑，積雪彌天。先君即景賦詩（略去詩文）。

二月初一日，偕同璧自利物浦乘輪赴紐約，憲政會各分會特派代表來迎，并以六白馬駕車，租寓華道大旅館，懸中國旗以示歡迎。初五日，爲先君五十誕辰，同人祝嘏上壽，是日召集會議，設立華益銀行，各大埠亦紛紛成立，以資響應。先君性喜山水，以紐約繁華太甚，遷往離城數十里之鄉間步綠林，該地山川明秀，花鳥怡人，是時同璧在紐約哥林比亞大學讀書，每日下課後，即乘車前往侍膳問安，頗慰岑寂。

是歲，海外亞、非、美、歐、澳五洲二百埠中華憲政會僑民公上請願書，先君屬稿，大意開國會、遷新都、除

111

漢滿、裁閹宦、練海軍、改民兵、造船牧馬、製鐵鑄械，以圖自強。至癸丑二月，復以此文登于《不忍》雜志，以備六和之再刖焉。

十月，納姬何旃理女士，姬粵籍，美國留學生，以家懸先君像，慕名來歸，偕游列國，凡秘書通譯事多得其助。是月再游巴黎，經巴登邦加魯士雷京轉德巴登，雖公國而爲德四大邦之一。其賽馬場爲歐洲第一，旋渡波顛湖至利士但丁，地近來因河瀑布，夕陽返照，飛瀑作紅色，尤稱奇麗。

十一月，游瑞士。

《南海康先生年譜續編》康同璧 1958

1月1日　丁未元旦，保皇會改爲帝國憲政會。

1月4日　在巴黎。

1月14日　游德國科隆，後去荷蘭海牙。

1月18日　丙午十二月五日，自德國亞痕乘電車入比境，關吏索稅，重回亞痕。侵曉來關，候驗散步，滿野皆霜，亦未見之異境也。

1月19日　巴黎。

1月25日　自巴黎到達摩納哥大公國的蒙特卡洛。

1月28日　丙午十二月十五日，自法國之南入西班牙。

1月29日　西班牙首都馬德里。

2月7日　自西班牙的加迪斯市，渡直布羅陀海峽到摩洛哥的丹吉爾。

2月8日　摩洛哥的非斯，會見摩洛哥的阿卜杜勒阿齊兹四世。

2月12日　除夕攜眷自摩洛哥返西班牙（加迪斯），經直布羅陀，朝行夕至。

1907年（光緒三十三年丁未）50歲

2月20日　到葡萄牙里斯本。

2月21日　夜，離開里斯本，乘車還巴黎。凡一千九百公里，車行極快，三十六小時可至。車十一日十時入法境易車。

2月23日　巴黎。

3月1日　康有爲獲得進入美國簽證。

3月8日　康有爲自英國南安普敦啓程，隨行有秘書林兆生。①

3月16日　保皇會正式更名"中華帝國憲政會"②。

圖55　中華帝國憲政會會旗

《帝國憲政會大集議員會議序例》先于十日、十一日、十七日大集議員數十，會議展期至二月二十日。想見吾國議院將來之宏規也。

第一章　定名

第一條，本會名曰帝國憲政會（如對外國則稱中華帝國憲政會，亦可稱帝國憲政會，支那即中華音轉，故稱中華，名至古雅，至通而確，將來永爲國名）。

第二條，本會遵奉詔書，定會名爲憲政，以君主立憲爲宗旨。

3月17日　康有爲乘船到紐約，同時是五十大壽，晚宴于紐約唐人街保皇會總部樓下的酒樓。③

---

① 該行程記載于自英國到紐約的游船旅客登記表，3月8日登船，3月17日抵达。
② "Chinese Reform Meeting Sunday", *The Hartford Courant,* March 16, 1907.
③ "Dinner to Kang Yu-wei", *New York Times,* March 18, 1907. 此報道述及紐約同仁爲康有爲舉行的祝壽晚宴是在位于紐約勿街7號保皇會總部樓下的 Port Arthur 飯店。但在羅榮邦編譯的英文版《康有爲年譜》第207頁認爲是在康有爲下榻的華爾道夫旅館。

113

3月26日　慈禧懸賞十萬元通緝康有爲。①

4月　何旆理到紐約。

4月18日　康有爲父女出席美國"鋼鐵大王"安德魯·卡內基②在紐約華爾道夫旅館的和平晚宴③。他穿着華麗的清朝官服，證實他曾爲清朝高級官員。綠松石藍的外套上有孔雀刺繡的補子，綴在他藍色帽子上方的閃光發亮的藍寶石與頂部中央周圍鑲的珍珠很顯眼。相比他女兒却沒有佩戴任何珠寶。④陳焕章、林兆生在座。

當天，康有爲要求與世界和平基金會主席安德魯·卡內基進行會面，卡內基愉快地同意在4月23日會面。⑤

4月30日　美國"托拉斯之父"查爾斯·弗林特⑥在其家里邀請礦業大王、慈善家丹尼

圖56　美國報道慈禧懸賞十萬通緝康有爲的懿旨

圖57　安德魯·卡內基

---

① "A Woman Would Give $100,000 for the Head of This Chinaman", *Albuquerque Evening Citizen*.
② 美國"鋼鐵大王"安德魯·卡內基（Andrew Carnegie，1835年11月25日—1919年8月11日），在美國工業史上寫下永難磨滅的一頁。他征服鋼鐵世界，成爲美國最大鋼鐵製造商，衣錦還鄉，躍居世界首富。在功成名就后，他又將幾乎全部的財富捐獻給社會。
③ "Peace Dinner at the Waldorf-Astoria", *The Sun*, New York, April 18, 1907.
④ "Jewel Worn by Chinese Dazzles Hotel Guests", *The San Francisco Call*, May 12, 1907.
⑤ 康有爲接受卡內基的邀請出自 Rober L. Worden 的文章 "A Chinese Reformer In Exile: The North American"。
⑥ 查爾斯·弗林特，美國人，他創立的計算—製表—記錄公司後來成爲IBM。他的金融交易爲他贏得了"托拉斯之父"的稱號。在他的回憶録 *Memories of an Active Life*（Putnam's, 1923）中記述了和康有爲父女的許多交往。

1907年（光緒三十三年丁未）50歲

爾·古根海姆[1]一同會見康有爲。[2]

圖58 "托拉斯之父"查爾斯·弗林特

圖59 礦業大王、慈善家丹尼爾·古根海姆

5月25日　視察保皇會商務公司的瓊彩酒樓。
6月10日　在菜苑（托雷翁）。[3]
6月18日　自菜苑致梁啓勛書，注册電車公司，事畢入墨京見總統。[4]

（陳煜書收，可以此復之，不另。電車全未開，一二月亦難定。囑其勿候，惟我或帶彼往歐也。決。）

仲策仁弟：學生會事已布告，將來擬撥些會費供筆墨。

---

[1] 丹尼爾·古根海姆（Daniel Guggenheim, 1856—1930），美國實業家，礦業巨頭和慈善家。
[2] 《查爾斯·弗林特文獻》，美國紐約公共圖書館藏。
[3] 譚張孝匯款二百元到菜苑，參見《徵信錄》，載方志欽主編，蔡惠堯助編：《康梁與保皇會——譚良在美國所藏資料彙編》，第268頁。
[4] 1907年，康有爲投資墨西哥有軌電車軌道沿綫的地皮，净賺十多萬銀元，約合今天將近美金一百萬元。投資上獲利令商會很快决定在托雷翁城建立一家銀行。1907年秋，華墨商業銀行獲得墨西哥政府頒發的營業執照，正式掛牌營業。信中言及墨西哥華墨銀行的經營狀况良好，及廣西粤中鐵路的招股情况。《康有爲年譜》第392頁記先生留墨半載，于其政治風俗，考察殆遍，又爲保皇黨開銀行，築鐵路，置地十里，建二石樓爲移民基礎。

115

在墨已改百萬大公司矣（去年舊公司，每股分五元）。岐山、天鐸等欲以芝埠鐵路股改銀行，可從促議定，以便登報。在此久候公司注册簽名，竟費廿日，不自由莫甚。今尚須再候數日乃能了（事畢入墨京見總統，數日乃入美）。追思吾國二千年之自由（商務與官無關，亦不須律，而能泰能安），中國道之以德之極至，誠大地無有也！此問

動定

五月八日

6月29日 謁墨總統迪亞斯[①]于前墨主避暑行宫（稿本有：丁未夏五月）。

是日，康有爲到墨西哥城。[②]

康有爲在他的私人秘書林兆生的陪同下，從托雷翁到了墨西哥城，他來這裏的目的是研究這裏的工業、經濟和政治。康有爲同時在托雷翁有大量投資。

7月1日 光緒卅三年五月廿一日，李福基到菜苑接掌商務。菜苑華益未能依前議派股東息，因造卡路財政吃緊，以致遲誤，望各股東諒之。其弊在于落手時未能得法。買地及起銀行、領電卡路專利，又領船照，以上諸件，皆總長及日初、寬焯等早已定

圖60　墨西哥總統波菲利奧·迪亞斯

---

① 波菲利奧·迪亞斯（1830年9月15日—1915年7月2日），墨西哥歷史上任期最長的總統（1877—1880，1884—1911）。

② "Principe En Nuestra Capital", El Pais, Mexico City, Mexico, June 29, 1907.

1907年（光緒三十三年丁未）50歲

奪辦法。①

7月3日 康有爲今將離開墨京。②

在報社記者的采訪中，康有爲談到提升中國居民在國外的生活條件，及上周他與墨西哥總統迪亞斯將軍的會面。昨天爲了感謝迪亞斯總統接見，送了一幅中國手工繡製的精美桌布作爲禮物。

康有爲將在秘書林兆生的陪同下，今晚離開墨西哥城去韋拉克魯斯，周五（7月5日）再從韋拉克魯斯去紐約。七月下旬，他將前往斯德哥爾摩。

是日，訪問霍奇米爾科地區的水利系統和博物館③，以及阿茲特克遺址④。

在秘書林兆生和墨西哥總統私人秘書 Chousal 的陪同下，康有爲在早上九點離開墨西哥城前往霍奇米爾科，在那裏參觀運河水利工程。康有爲認爲，這是一個可以向一百萬居民的城市供水的工程。

此外參觀了博物館，受到博物館副館長赫納羅·加西亞唐先生和德國考古學家的接待。康有爲説阿茲特克人的紀念碑和象形文字像是出自那些由蒙古、西伯利亞和中國來的居民，它們的寫法與瑪雅人非常相似。

康有爲説，他將用中文來記述墨西哥的歷史，幫助他的同胞來瞭解墨西哥的歷史。

---

① 李福基：《憲政會紀始事略》，1909年，第7頁。
② "Kong Yu Wei will Leave the Mexican Capital Tonight", *The Mexican Herald*, July 3, 1907.
③ "Visita de un extadista chino", *La Voz De Mexico*, July 5, 1907.
④ "Visit Aztec by a Chinese statesman", El Imparcial（Mexico），July 3, 1907.

圖 61　墨西哥阿兹特克遺址

本日，到達韋拉克魯斯。

7月5日　康有爲自韋拉克魯斯乘船，經古巴哈瓦那，1907年7月12日回到紐約，隨行林兆生。[①]

7月12日　到達紐約。

在托雷翁成立銀行和房地産公司。[②] 一個在銀行車路公司（Compañía Bancariay de Tranvìas S. A.）名下，當地華人擁有的中國銀行和房地産協會在托雷翁成立，用于開發地産，并建設一條市内電車路。公司擁有一百萬的資本，總經理是康有爲。

7月18日　查爾斯·弗林特在紐約長島邀請康有爲父女參觀他的"運動員之家"。[③]

---

① 康有爲離開墨西哥韋拉克魯斯，見進出口岸的旅客登記 NARA Microcopy T715 Passenger Lists, 1906.07, p. 2。
② "Enterprising Chinamen", *The Mexican Herald*, July 12, 1907.
③ "Charles Flint Entertained KYW", *Brooklyn Life*, July 27, 1907.

1907年（光緒三十三年丁未）50歲

圖 62　康有爲父女與查爾斯·弗林特在運動員俱樂部留影

7月17日　康有爲父女應美國富商查爾斯·弗林特夫婦的邀請，到位于紐約長島的運動員俱樂部郊游及留影。

10月17日　梁啓超在東京創辦政聞社。

11月　康有爲在紐約迎娶何旃理。丁未十月，以辦墨電車再游德、法、奥，便道經瑞士，于是三游矣（未記録于《南海康先生年谱續編》）。

11月24日　自蘇黎世，經盧塞恩、朗腦，到伯恩，游議院、博物館和大學。

回盧塞恩後與何旃理再游瑞士離寄峰（Rigi Mountain）觀雪峰雲海。

圖 63　瑞士離寄峰

12月 作《旃理新迎于美,與游瑞典,泛舟稍士巴頓湖》。

<blockquote>
自美返瑞,再游稍士巴頓湖泛舟[①]

四山圍島綠籬披,放櫂明湖接渡時。
一曲清歌煙水暖,漪濤低唱我提詩。
</blockquote>

---

① 稿本題作《旃理新迎于美,與游瑞典,泛舟稍士巴頓湖》。

1908年（光緒三十四年戊申）51歲

光緒三十四年戊申（一九〇八年）先君五十一歲

二月，先君以埃及建國在五千年前，有金字塔、古王陵、石獸諸古迹，爲全球最古文物文明之地，乃往游焉。

三月一日，由開羅乘車出鉢賒至阿剌伯，鉢埠屬埃及，爲蘇彝士河北口盡處，北爲地中海，閭閻連雲，人民數萬，環地中海北岸而居，築石堤，長里許，樹有息勃斯石像。

先君自光緒戊申四月，至是年秋間所作詩，都曰《游漣集》，凡二十五首。

四月一日，自埃士拿游德國威廉墨宫，視擒拿破崙第三幽囚處。六日，由阿爹壁入奧境。是日，爲奧王佛闌詩士瑟即位六十年大慶。十一日，過薩遜，觀薩京賽馬場，各國良馬咸集，凡以萬數，先君相馬，凡碧眼峻耳，昂首細頭，長頸平腹瘦蹄，神氣清躍爲阿剌伯傳種者，必爲佳種，及鬬賽皆如所料。旋返瑞典。時何氏因事回美，而長女同薇偕女婿麥仲華來瑞省親，同璧聞訊亦至，一家骨肉團聚異鄉，不勝離合之感。偕由德國舊京波士頓之河鼇湖，及瑞典京城王宮居中島，樓塔相望，橋梁如織，世界京城之美，未有能比之者。十五日，訪鴨沙大學。

五月二十一日，携同璧由瑞京赴北冰海，觀半夜日出。二十三日晨，至布顛邑，環湖依山，冰雪滿目，尋入挪境，見立蘭人皮衣居幕，有蒙古風。午至拿域，鐵路至此止，易舟行島間，雪山照眼，來迎不絕，午夜舟主呼起觀日，日落山巔，于此復起，天下之奇觀也。德王弟軒理乘船來迎。二十四日，抵喊哣非士，地球極北之地，午至欹岬，譯言北海角。再行三日，至靈士噫秩，雪山下看多羅科潤各峽，白雲滿谷，瀑流四注，泛舟五日，極海山之大觀，賦詩。

二十六日，在挪威北冰海道中，聞禮部尚書李公端棻病逝，撰神道碑，述戊戌薦賢始末。李公號苾園，己丑典粵試，得梁啓超卷，奇其材，以女弟妻之。戊戌遘難，遠戍邊疆，乙巳復原官，卒于京師。先君爲之銘。

二十八日，抵挪威舊京陀潛，棄舟乘船，赴挪京轉返瑞典。

六月，將游澳洲後歸國省母，決捨宅去歐，乃于月之十八日，先往歐東各國。十九日，抵柏林，易車赴奧轉匈京。四年舊踪，不意再到，夜尋舊百戲園，則已毁改而易新者。曉游王宮，再飯于瑪結烈公園，京外二千里皆平原，羊牧鞭塵，極似燕薊，而野中時連帳幕，猶存游牧餘風。一出匈京，則歐土繁華之俗盡去，而亞洲之容起矣。黃種遠來開國，冠絕歐土，爲之欣喜。賦詩。

二十二日，南入塞爾維亞，次夕，抵其京悲羅吉辣地，以山名者也。都城建于岡巔，街市尚整潔。翌日，赴巧加利亞京蘇非，二千里平原，至此始背枕崇岡，遠接群山，旋穿巴根山，千嶺盤迴，其氣象僅比吾國匡廬，尚不及歐南之比京裊斯山。渡多惱河，過羅馬尼亞，遂游歐東焉。二十九日，泛黑海，曉起，自船中望黑海，澄波萬

1908年（光緒三十四年戊申）51歲

里，紫瀾微迴，漸見岡巒，惟多剝皮。行數時，將近突京，平岡迤邐，頗有古壘及村落，山色枯而力弱，與歐西迥異。先君覘突厥之衰矣，游突厥，突厥即今之土耳其，午抵君士坦丁，突京臨三海，形勢風景皆甲全球，惟宮中皆用閹人，與吾國同風，殊爲怪異，不詳之事，賦詩以議之。是日，適逢突王下詔立憲法，夾道歡呼，晝夜不絕。

七月七日，自君士坦丁乘船往雅典。九日，至希臘，泊丕寥市海灣，易車赴雅典。大地文明，惟吾中華、印度、巴比倫、亞述、波斯與希臘矣。希臘之文明又以雅典爲盛，國會議院立憲民權之制，雅典實爲大地之先河。圖繪、音樂、詩歌之美，哲學之盛，凡今歐洲號稱文明之事，施及萬國者，無一不導源于雅典。而石室之壯麗，製像之精能，尤爲絕倫。先君嚮往已久，來此十月，訪古排勝，窮極其迹，然而山陵枯索，飛塵濫天，烈日炎熇，蒸人如甑，蓋失氣運久矣。想雅典盛時必不若此，感喟欷歔，不能自已。賦詩。

十五日，再穿瑞士山，假道地中海泛大西洋，還檳榔嶼，著《希臘羅馬兩國游記》。

八月，歸途過楞伽，再訪佛迹，著《楞伽游記》。

九月，至檳榔嶼。先君自楞伽還此，足迹已遍天下，覺大地無可游者，乃卧病檳榔嶼，板輿迎養。自光緒戊申秋迄己酉，所作詩都曰《南蘭堂集》，凡一百六十三首。補《德國游記》。先君游德久且多，先後九至柏林，四極其聯邦，貫穿其數十都邑，接其都人士，游其工廠、官府，本其史譜，搜其圖像，考其風俗，記其大略。甲辰曾草《德國游記》，失落數卷，今補之。

十月，迎養勞太夫人于檳榔嶼。今梁伯鳴赴暹羅，

123

開《啓南報》并主商報事,又著《金主幣救國議》,篇目三十。略謂英查理一世時,以財乏而克林威爾起。法路易十六時,以財政亂而大革命興。近元明之季世,亦以乏財加餉而亡。今萬國皆變金主幣,而吾國不改,則銀價日落,而吾國民日困,租税生計法無定,但此一事國其破乎?門人王覺任力請付梓,之滬猶議而未刻。至庚戌秋,滬、津、京、廣銀行聯翩倒閉,大變之來,不可卒歲,乃遂發此篇,自謂一字一淚,願讀者留意焉。

十一月廿六日,長子同籛生,祖母心大慰,因名所居曰"南蘭堂"。

突聞光緒靈耗,悲病萬分。光緒幽囚以來,并無大病,忽攖不治,傳説紛紜。嗣聞爲袁世凱所毒殺,乃由海外攝政王書,請誅袁世凱,以謝天下,并發布討袁檄文。

十二月,勞太夫人返港。先君著《突厥游記》。先君以七月間游突厥,適逢其立憲之嘉會,舉國歡呼。而青年黨徒學法國革命之名,而未嘗從事政治理財之學,徒豔炫歐美之俗,而未細審其歷史風俗之宜,一旦以兵脅其君而收其權,乃舉舊制之法律道揆盡棄之,且觀其後效可耳,突厥將危且亂矣。門人梁啓超來書,擬將先君詩稿親自手寫付印,凡得千餘首,惟任公在東甚忙,僅寫至《明夷閣詩集》止,以後未再續成。

《南海康先生年譜續編》康同璧 1958

4月1日　由開羅乘車出鉢賒至阿剌伯。

4月30日　自埃士拿,游德國威廉壘宮。

5月5日　由阿爹壁入奧地利境。

5月10日　過薩遜,觀薩京賽馬會。旋返瑞典。

1908年（光緒三十四年戊申）51歲

時何氏因事回美，而長女同薇偕女婿麥仲華來瑞省親，同璧聞訊亦至，家庭團聚瑞典。

一九〇八年夏，時將屆暑假，先父來函云已在瑞典購買房屋，二庶母與大姐同薇已由中國來瑞典，命我于暑假期内到瑞典與庶母、姐妹等晤面，以叙數年久別之離衷（康同璧第五次歐洲行，六月到十月）。

偕游德國舊京波士頓之河壑湖。

5月14日　訪瑞典鴨沙大學。
6月　北歐三國行。瑞典、奧地利、意大利。
6月19日　由瑞京赴北極海，觀半夜日出。
6月21日　午夜，觀日落山巔。于此復起天下之奇觀也。
"夜半十一時，泊舟登山，十二時至頂，如日正午。頂有亭，飲三邊酒，視日稍低如暮，旋即上升，實不夜也，光景奇絶。"①
6月26日　抵挪威舊京陀潛，棄舟乘船返瑞典。
7月16日　自瑞典束裝，往游東歐各國。
7月17日　夕八時後到柏林，飲于茶園，大雨；十一時，易車入奧國。
7月20日　午一時，乘汽車入塞爾維亞國。
7月21日　夕十一時，到塞爾維亞京悲羅吉辣。
7月22日　曉六時至布加利京，穿巴爾幹山半日，北出羅馬尼亞。
7月28日　于《中國維新報》刊登"二百埠僑民請願書"。
中華帝國憲政會聯合海外二百埠僑民公上請願書，提出十二條

---

① 《康有爲全集》第十二集，第286頁。康有爲詩："携同璧游那威北冰海那岌島巓，夜半觀日將下没而忽升。"

憲政建議，欲推動國內憲政運動的發展。——內有撤簾歸政，盡裁閹宦，遷都江南及改大清國號爲中華國數款。①

是日曉，泛黑海（自羅馬尼亞乘船），十二時到突京。

戊申秋七月游君士坦丁那部，逢突厥立憲慶典。

圖 64　伊斯坦布爾歷史悠久的清真寺蘇丹艾哈邁德清真寺

8月3日　離開伊斯坦布爾。

8月5日　至希臘，泊丕寥市海灣，易車赴雅典。

8月13日　錫蘭訪阿努拉德普勒遺址，政聞社被清廷關閉。

9月30日　抵檳榔嶼。

11月14日　光緒帝駕崩。次日，康有爲上書攝政王，請殺袁世凱。

美國國務院檔案顯示，當時美國政府對清廷因光緒帝之死而出現的權力變動未做表態，可能與康有爲的電報有關。在光緒帝去世的同一天，在美洲的康有爲就給羅斯福總統拍去一封電報，指責袁

---

① 《申報》1908 年 8 月 25 日。

1908年（光緒三十四年戊申）51歲

世凱謀害光緒帝、變換君主、擾亂中國，請求羅斯福總統致電北京，聯合其他國家，不予承認。

是月，于檳榔嶼寫成《希臘游記》、《羅馬尼亞游記》、《德國游記》及《金主幣救國議補識》，提及書成于五年前。

1909年（宣統元年己酉）52歲

宣統元年己酉（一九〇九年）先君五十二歲

正月，先君居檳榔嶼南蘭堂，園中築草亭曰乾坤一草堂，廊曰行吟徑。常小病，旋再赴歐。

正月初四日，生次子同凝。

二月，花朝渡紅海，看日出。便道再游埃及，歷訪開羅博物院、金字塔、古王陵、亞士渾故京各地。

三月，由開羅乘車赴鉢畭，易船往巴勒斯坦。憑吊耶教聖地耶路撒冷，并游死海焉。耶路撒冷位于群石山上，自左頓川至死海，草木不生，人家皆穴居石山中。伯利恒耶穌誕生地，亦係石穴，墓廟一切則遍刻文石，僧人授燭，群衆膜拜。又至耶穌升天石及門徒見賣飲酒處，因念十字軍所啓新文明，爲之感動不已。

是月，又游瑞士呂順阿爾頻山，威路士之卡理維壘，及巴士之古羅馬浴池。

四月，至英國威士賓，寓于烈住間。再游英查理第一故宫，及儼葛古室。又至德威廉舒苑，風景爲天下第一。德王威廉每歲避暑于此。先君自漫游以來，出入德國今已十一次。

五月，出利物浦赴美洲。復卜居加拿大域多利之文島。

1909年（宣統元年己酉）52歲

六月，由美回歐。再過蘇彝士河，經楞枷，再游乾地。楞枷即錫蘭，印度音也。其佛迹有四，一在後山深林中，人迹不能到。一在班打拉威拉之崇山，距乾地不遠。僅石山有一佛足迹，無可觀者。惟近哥林布之迦利臘尚有道場，而此地湖山幽勝，佛迹最多，石柱萬億，千年前有僧十五萬，今雖零落，先君尚一一摩挲也。有詩記之。

七月朔，重返檳榔嶼。自庚子七月來居，于今已五度矣。

九月，再游印度，昔聞密遮拉士有寺數十，僧萬數，及至，問居民，皆不識寺僧所在。近縣支那智利，聞有古佛城七重金塔十餘，最莊嚴，已改爲婆羅門廟。丹袓古印王國佛堂，亦有改爲濕婆教廟者。婦人入廟，隨意摩挲，以至潔不妻之佛道，一變而以奇淫爲教。先君由此悟正負陰陽反動力自然之理。益知大劫沉沉，全印寺僧皆滅矣。賦詩。

旋游孟買象島，見佛坐道場處，堂柱尚存數十，而龕中亦改供濕婆淫物，說法龍象之迹，掃地無餘。傷念大劫，復悲身世。再賦。

冬，仍居檳榔嶼之南蘭堂，檳地產柳絲松，皆數百年前物。南蘭堂亦有六株，高七八丈，勁幹如松，垂條似柳，剛柔合德，篩月憂雲。先君顧而樂之，日午常避暑，移几松下，著書自遣。除夕前三日，寄梁啓超詩。蓋先君自戊戌出亡迄今，已游遍四洲，歷三十餘國，風雲入眼，日月催人，五十之年，倏然已過，從此心懷故國，不復再作遠游矣。

《南海康先生年譜續編》康同璧 1958

1月 令梁伯鳴赴暹羅開《啓南報》，還主《商報》、《國事報》。

1月7日 康有爲自檳榔嶼發電報給《論壇報》。①

電報中説："我們知道袁世凱眼看太后要死了，害怕十年前的背叛導致太后奪權，和迫使我流亡海外，將要在皇上的手上被清算。所以付給了一位太醫四萬銀元來毒害皇上。"

1月25日 何旒理生次子同凝。述德詩五十首。

侍母太夫人于南蘭堂，談先德，母命爲詩紀之。適正月。

1月26日 康有爲致信美國總統羅斯福——袁世凱下臺會開啓良好的未來（英文長信）②。

尊敬的羅斯福總統：

袁世凱的下臺將是對于中國未來發展前景的良好示範。外國人可能不完全明白袁世凱的本性，兹附上供您審閲。我希望您會轉告和通知您的政府有關部門。

康有爲

3月3日 二月花朝③，紅海看月出風翻。

游埃及開羅京，游埃及博物館，游畜鴕鳥園，外訪金字陵，埃及録士京、亞士渾故京、尼羅河。

---

① *The Globe*, Toronto, January 8, 1909.
② 編者按：在光緒皇帝駕崩後，康有爲發給羅斯福總統數封電報説是袁世凱謀殺光緒皇帝。此信被保留在白宮數月之後，被送國務院做研究。此信寄自檳榔嶼（此信1909年1月26日發自檳榔嶼，地址爲"28 Northam Road, Penang"），現存于美國國家檔案館。（State Department Numerical File, Case 1518/267–270, Record Group 59, National Archives.）
③ 花朝節：農曆二月十二日爲花朝節，這是紀念百花的生日。

1909年（宣統元年己酉）52歲

圖65 埃及嚜迭王宮外之大石人拓影

耶路撒冷，觀猶太人哭所羅門城壁。

4月24日 在瑞士呂順游阿爾頻山，寓匪寄。

游各國蠟人館。

游威路士，宿蘭頓那。

游威路士之卡理維壘，游威路士民居。

山阿。

阿爾蘭都會名德逋鄰，傾士湯路大園林。

游巴士[①]，浴于羅馬古浴池。

圖66 英國巴士城　　圖67 英國巴士城的古羅馬浴池

---

① 巴士（Bath），今稱巴斯，位于英格蘭埃文郡東部，是英國唯一列入世界文化遺產的城市，距離倫敦約100英里，屬于英格蘭埃文郡東部的科茲沃。巴斯就是一個被田園風光包圍着的古典优雅的小城，巴斯的人口不足九萬，被譽爲英國最漂亮典雅的城市之一。

康有爲在海外·美洲輯

　　與在英求學的女婿麥仲華游距倫敦有兩小時路程的威士賓，其處沿海依山，風景幽勝，道路麗潔，爲全英城市之冠。第三次住烈住問，游英查理第一故宮及儉鈍葛古宮。5月19日，與麥仲華同游喬嘉頓。①

　　　　　　暮春吾寓烈住問，日携曼宣游喬園。
　　　　　　周方十里羅萬卉，五洲草木搜剔全。

圖68　倫敦的漢普頓宮前英國皇室官邸 　　圖69　倫敦皇家植物園喬嘉頓

　6月　居德國卡塞爾，訪威廉舒園（Wilhelmshoehe）。
　6月11日　康同璧離開美國，赴倫敦與父晤面（自紐約到普利茅斯轉車赴倫敦）。

圖70　蘇彝士運河

我是年亦在美哥倫比亞畢業得文憑。聞先父在南洋居住數月，後因在政治尚有手續未了，又由南洋往歐洲。余乃摒擋一切，赴英與父晤面。乃在海濱地方居住。時

———
① 喬嘉頓（Kew Garden），位于倫敦列治間的皇家植物園。

1909年（宣統元年己酉）52歲

文仲亦已大學得碩士畢業，前來相訪。先父意欲湖次如等地，在彼景月流連，然後同赴蘇格蘭游玩月餘，乃附輪返南洋。（《康同璧回憶錄》）

7月 自歐歸，過蘇彝士河，感懷兩戒，俯念萬年。吾亦四度過此，倦游息轍，將作述矣。

我作《大同書》已竟，待看一統合寰球。

8月16日 己酉七月朔重游檳榔嶼，自庚子七月望來居，于今五度十年矣。居南蘭堂。

經里斯本，康有爲、康同璧與羅昌同返回檳榔嶼，并有數百人迎于碼頭。

所居爲鄭旦王之王宮[①]。

10月 九月再游印度馬德拉斯（金奈）、孟買、康提（斯里蘭卡），最后到檳榔嶼。

---

① 鄭旦王之王宮現已不存在。此地址 The Palace 28 Northam Road, Penang 來自康有爲 1909 年 1 月 26 日致美國總統函，現存于美國國家檔案館，Case 1518/267–270, Record Group 59, National Archives.

1910年（宣統二年庚戌）53歲

宣統二年庚戌（一九一〇年）先君五十三歲

春，到星加坡，三遷館舍，招門人王覺任來坡興辦商業，以助黨費。先君自庚戌三月起至民國二年，居東瀛所作詩，都曰《憩園詩集》，凡五十一首。

七月十四日，過丹將敦燈島，昔日避難處。適爲老友梁鐵君殉節日，陳酒祭之。自云十年前鐵老從吾避難于此，而今已矣。祭詩六首，不具錄。

八月，來港省母。

十二月，還星加坡，刺客追踪而至，夜半進門，車夫疑客至，肯開門，即以利斧斷車夫臂，蓋誤以爲先君也。幸先君早行，幸免于難。除夕，移居海濱丹容加東，與何姬旃理步海沙，攀松石，長椰夾道，夕照人家，所見皆巫來由吉寧人。去國十二年，傷念存亡，雲海淒迷，不勝浮海居夷之感。

《南海康先生年譜續編》康同璧 1958

1月　己酉臘月，南蘭堂後行吟徑，扶病與王公裕望梅。
春　到星加坡，三遷館舍。
5月　離開星加坡。
8月18日　過丹將敦燈島，昔日避難處，赴星加坡。
8月　香港。

1911年（宣統三年辛亥）54歲

宣統三年辛亥（一九一一年）先君五十四歲

春，居新加坡。

四月十日，返港省母。

五月十一日，重游日本，寓須磨門人梁啓超之雙濤園，自築小樓臨海，名曰"天風海濤樓"。時與矢野文雄、犬養木堂等把酒話舊。邱君菽園請點定其詩。先君曰：菽園于庚子勤王之役，犯險犯難，捐施十數萬，而家人左右勸之不聽，如獅虎之行，自無伴侶，同時目爲怪妫者，豈非他日之豪傑乎？其地不與中原文獻相接，而其詩沉鬱之氣，哀厲之音，緜邈滂沱，頓挫瀏亮，雖多托乎好色之言，而夷考風騷，可興可怨，實正則也。菽園才志類明季四公子二秀才，就中尤類冒辟疆、吴次尾。今閲歷日深，進德甚猛，家日貧而道日富，或以退爲進，而大成就者耶？先君戊戌蒙難，避居星加坡，多得其力。

九月，武昌起義，舉國行大革命，若捲潮倒河不可遏止。而列強環伺，危機四伏，先君不禁惴惴恐慄。乃考事變、記得失、怵禍患，作《救亡論》十篇。寄之上海，無敢刊者。未幾，清廷宣布憲法信條十九條，而海內同志仍進求共和政體論，倡虛君共和之説。先君嘗言：虛君者，如存一神以保虛尊，如存一廟以保香火，名爲皇帝，實不過一冷廟之土偶而已。蓋仿英日之制以息爭焉。重九，聞黨禁開，賦詩二首。

十四年于外，流離萬死間。子卿傷白髮，坡老指青山。國事亦多變，神州竟未還。惜哉遲歲月，念亂淚潛潛。

十月，女同琰生。先君以武漢事起，天下響應，及張紹曾上言信條，遂布君主虛位，已同禪讓，滿洲歸化，實同滅亡。天所廢之，誰能興之，舊朝可勿論也。聞海內志士咸欲用共和之政體，《禮》曰：「天下爲公，選賢與能。」《易》曰：「見群龍無首，吉；乾元用九，天下治也。」先君昔著《大同書》，專發此義，以時尚未至，故先主立憲。惟共和之政體甚多。于古有六，于今也有六，凡有十二種，體各不同，能統以共和空名，混之也。若以美國之政體盡之，則猶有誤蔽也。故縱論之，名曰《共和政體論》。

十一月廿六日，同錢三周晬，貌似先君，先君五十始生錢，大母年八十，非錢不歡，聞能誦詩三十首，喜寄縮機汽車與之，并賦詩志。

除夕前六日，在箱根環翠樓，閱報知清帝遜位，適看玉簾瀧還，感賦。

絕域深山看瀑雲，故京禪讓寫移文。玉棺未掩長陵土，版穿空歸望帝魂。三百年終王氣盡，億中界遍劫灰焚。道逃黨錮隨朝盡，袖手河山白日曛。

《南海康先生年譜續編》康同璧 1958

1月　庚戌十二月，還新加坡。
1月29日　除夕，移居海濱丹容加東憩園。
5月8日　返港省母。
6月7日　重游日本，住雙濤園。

1912年（民國元年壬子）55歲

民國元年壬子（一九一二年）先君五十五歲

二月，自須磨雙濤園遷近月見山下須磨寺側公園前，桃櫻滿山，居有小園。值五五攬揆，梁啓超等十餘人連日為壽，且作詩會。旋又覓得須磨湖前宅，僻地幽徑，豁為大園，頗擅林池山石澗泉花木之勝。是園舊名長懶別莊，以梁啓超之請，改為奮務園。

四月，擬《中華民國國會代議院議員選舉法案》，凡六章百十八條，以備參議院采擇。

五月，以共和成立數月，慘狀彌布，棟折榱壞，將受同壓。昔奕劻、載澤以一二人富貴之私而亡其國，今之危險變幻，倍于晚清，萬國眈眈，眾民攘攘，恐失道以取分亡，作《中華救國論》以警世。

八月，著《孔教會序》。闡明孔子之道，以人為天所生，故尊天，以明萬物皆一體之仁。又以人為父母所生，故敬祖，以祠墓著傳體之孝。欲存中國，必先救人心，善風俗，拒詖行，存道揆，守法紀，捨孔教莫由。自漢時行孔子撥亂之治，風化至美，廉讓大行，宋明儒學僅割據其一體，或有偏矯，然氣節猶可觀焉。布衣徒步，可為卿相，諸經之義，人民平等而無奴。光武免奴已先于林肯二千年，此非孔教之大效耶？十三日，為文祭戌戌六君子,適梁啓超歸國,賦詩送之。

又作《來日大難五解》。

十月,偕犬養木堂游日光山,觀瀑布。又偕何姬旂理游箱根蘆之湖,觀富士山出現,以爲旂理壽,并游銀閣寺、廣島各處。又以共和之後,財政困絕,借外債達六萬萬兩,外人監理,舉國驚憂,天下古今無以借貸立國者。前清鐵道小借,國人尚譁攻,而今銀行大借款以爲常經,而國人無拒之者,外人深悉吾困絕,此蒙歲所由日急而瓜分愈速也。今宜亟亟合輪股本成一萬萬之國家大銀行,以山西幫爲主,而各匯業錢莊助之,國家大銀行成,而後吾國始有自立之基。乃檢數月前舊撰《理財救國論》,擇切于今者刊布于世,其下篇《論租税》續出焉。

十一月,以外蒙、西藏相繼"獨立",各省自主,磔裂支解,而政府淟涊却縮,號令不出京門,如無政府,惟借外債以度日。先君以中國之害,則在省區太大,必須鏟除各省之境域,始可消滅自立。若漢行政區百郡,唐三百餘州,宋四百餘州,皆中國自古一統之良制。及蒙古入主,混一全亞,土地過大,于是有行省之設,以釀成今日自立分裂之禍。宜裁省以府爲行政區,駁美普制與虛三級制。此事倡于二十年前,并上之于朝,登之《國風報》,雖爲平世政治之言,實切于今弭亂之道,救國神方莫妙于是矣。乃檢舊説著《廢省論》八卷,以告政府、議員、都督、黨人。又以共和以來,各省擁兵索餉,羅掘既盡,惟借外債以度日,春間借款六萬萬兩,而受監理,冬後又受六國銀行團之縊,飲酖含毒,足以亡國,著《大借款駁議》。

十二月,先君以大道之行,天下爲公,故《書》稱堯舜而《易》稱無首,《春秋》據亂之後,爲升平太平之世,《禮》于小康之上,進以大同共和之義也。惟共和在道德物質而政治爲輕,若誤行之,爲暴民無政府之政,可以亡國。今共和告成矣,慘狀彌布,而政府彌縫度日,散沙亂絲日甚,爛羊頭關内侯,有賞有罰,報于債臺,日築日高,蒙藏已危,不爲波蘭,亦爲埃及,棟折榱壞,將受同壓。異日雖有聖者,無能爲矣。著《中華救國論》。又門人徐勤應僑胞選爲國會議員,由美歸國,途經日本來謁。徐勤從游二十四年,共患難者十五年,毁家紓難,始終不渝,行前贈以序文,并餽以日本五百年之寶刀曰:"勤也!師日本至武魂之致强也。"副以高麗千年之鏡曰:"勤也!鑒高麗亡國之覆轍也。"侑以埃及金字塔六千年古石曰"勤也!如埃及石之久且堅",慰其勞而祝其壽康也。從以馬丁路德滑卜壘圖之鈴曰:"勤也!如路德傳道之勁而聲彰徹大行也。"附己像,俾常見也,文長不具録。

《南海康先生年譜續編》康同璧1958

2月14日　再游箱根。
3月　在神户將帝國憲政會短暫改名"國民黨"。
9月　偕犬養木堂游日光山,觀瀑布。

1913年（民國二年癸丑）56歲

民國二年癸丑（一九一三年）先君五十六歲

正月，擬歸港侍母，以患瘍甚，留東京割治，未果行。先君以共和經年，自花而果，今熟而摘矣，而民國熙熙，日日內爭，事事內爭，政府攘攘，勳將大賫，金錢大賫，其黠且智者競選舉，謀黨勢，議憲法，商起草，中國尚爲中國乎？捨憂分亡之大者宜與無憂，捨問分亡之大者宜無與問。然則吾國人乎！宜乘此時大聲疾呼，奔走相告，求所以免瓜分，求所以免監治，求所以免內爭，中國猶有望也。著《憂問》。

二月，擬《中華民國憲法草案》。略謂中國危亡甚矣，非空文之憲法所能救，惟戊己之間，曾草君主立憲之憲法，以英憲法最美而依據之。今雖易共和，而英實爲共和王國，美法兩係皆由英出，相去不遠，應斟酌而參考之。先君知不可行，略備一說而已。

門人陳遜宜、麥鼎華等，承先君之命，編《不忍》雜志。月出一冊，先君作序文以闡其旨。文曰：覩生民之多艱，吾不能忍也；哀國土之淪喪，吾不能忍也；嗟紀綱之亡絕，吾不能忍也；視政治之窳敗，吾不能忍也；傷教化之陵夷，吾不能忍也；覩政黨之爭亂，吾不能忍也；懼國命之分亡，吾不能忍也。願言極之，惻惻沈詳，余意也。

此所以爲《不忍》雜志耶。每集有政論、教説、瀛談、文藝、圖畫、國聞、附録各項，頗風行一時。又著《塞爾維亞、布加利亞游記》。先君以至小之塞爾維亞、布加利亞，猶能治兵三十萬而勝突厥。吾國大于塞爾維亞百數十倍，而何畏于大地乎？惟中國書傳無述塞爾維亞、布加利亞者，日本亦無其書，即歐人游記述之亦在數十年内，寥寥無幾，姑述所考聞以告邦人焉。又著《保存中國名迹古器説》，蓋以我國古器自周秦至今，大厄凡七，小厄不可勝數，遺器大寶惟周有十石鼓耳，外人方日收吾古物爲事，恐不十數年而精華盡去。其説關係吾國文化至巨，特備録之。

保存中國名迹古器説。（略）

三月，先君曰：農苦體耕耘，望有年；商廢財滯邊，望言贏利；士勤學，囊螢刺股，望通業取人間富貴；僧棄家入山，苦身斷欲，望成道證佛；寡婦劬劬抱哺其子，望承嗣亢宗。凡人之情，以有所望而後心安身寧神王長也。今吾中國之治也，數千年之舊機器已毀，而新機器未建，崇隆堅巨之舊宅已焚，而新屋未建，一家露坐，無褐、無衣、無食，烈風迅雷，大雨交加，虎豹豺狼，狰獰而噑悲，吾欲救死而進退無所之也，是謂無望。著《狐憤語》。

七月，先君以立國之道，自有其教化風俗，深入其人民之心，化成其神思，融洽其肌膚。久之而固結，習而相忘，是謂國魂，捨此則不能立國。今之所采五千年之國粹，無量數聖哲之心肝，保之廓之，方且推廣萬世法。而國人學歐學、行歐禮、服歐衣、食歐食，不及百年則爲美州尼固之黑人矣。著《中國顚危誤在全法歐美而盡棄國粹説》。又以辛亥至今，盜賊滿野，民無所托命庇生。杼軸既空，公私乏絶，而國會不知恤，政府不之顧，惟議摹歐

141

美，盡變舊章，以擾奪吾民爲事，中國衫神死矣。爲今計者，議院勿日爲變法之議，政府勿日下法之令，之已行者去其太甚，于舊章之無礙者照舊章行。著《中國還魂論》。

是月七日，勞太夫人病風，八日未刻，卒于香港，享壽八十有三。先君在日本，以割瘍不能即歸。張夫人妙華及從弟有銘、有霈同理喪事。

八月，先君以辛亥至癸丑兩年中，據日本人約計之，死者已二千餘萬。杼軸告空，公私交敝，而民國之大義，保全人民生命財產者，其慘酷若此。政府惟以乞丐度日，人民惟以水火盜賊爲生，禮、義、廉、耻、道揆、法守，斷喪幾盡矣，著《亂後罪言》。

九月，《不忍》雜志以親喪不能執筆而停刊。

十月，先君由日本奔喪歸港。

十一月四日，從"海明"輪運勞太夫人與弟幼博靈櫬歸羊城，港督及粵督均以官兵軍艦護送。十六日，安葬于南海縣銀塘鄉之後岡，幼博戊戌蒙難藁葬于北京南下窪。庚子，始歸香港，浮厝于澳門山寺。太夫人不知其死，偽言爲僧，至是乃附葬焉。

《南海康先生年譜續編》康同璧 1958

12月13日 回歸故里。

康有爲回到故鄉南海縣銀塘鄉，結束了長達十五年兩個月二十二天的海外流亡生活。

附：補康南海先生自編年譜[*]

光緒二十五年　己亥（一八九九年）

正月，在日本東京居明夷閣。元旦，與梁啓超、羅普望闕行禮。時携大隈伯游山玩水，或與門弟子等唱和話舊，當時之政界、學界人士往返頗頻。

二月十一日，由日本橫濱乘"和泉丸"渡太平洋，二十七日抵加拿大域多利埠。

三月初三日，約見總督。初四乘船赴灣高華，漫游各地。二十六日，乘汽車過落磯山，其頂充雪而平，命名爲"太平頂"。月杪，抵加都城阿圖和。

四月一日，加督冕度侯爵招宴，爵夫人特爲邀女畫師寫畫像。十二日，乘船渡大西洋赴歐。二十二日，至利物浦，入倫敦，館于前海軍部尚書柏麗斯輝子爵，經代請英廷，扶救復辟，終以議院未能通過不果，乃于閏四月離倫敦。

五月，出利物浦渡大西洋，重返加拿大。

六月，與義士李福基，馮秀石及子俊、卿（和），徐爲經，駱月湖，劉康恒等盤旋，日爲僑衆講論國家大事，愛國原理，并發起立保商會，加入者甚踴，旋有人獻議，謂皇上捨身救民，保皇乃可

---

[*] 附錄与此爲康同璧在《南海康先生年譜續編》1958年油印版印行後，于1961年所做的更正，也是其子羅榮邦教授在1967年出版的 *Kang Yu-wei, A Biography and A Symposium* 的主要依據之一。更正及增補內容，用楷體標示。

143

保商，易名保皇爲妙，乃定名。十三日，創立保皇會。各地聞而響應者衆。一時分會林立于加美各埠。二十八日，去中華會館率邦人遙祝聖壽。

是歲夏秋間，多居文島，流離已久，憂病頭風。此海千島，雪山照人，日游一島，始居帳幕，繼裝潢漁室，名曰"寥天"，前後兩居。凡彌月，得馮俊卿奔走供給，護衛至周。《寥天詩集》成于此時。

九月，因母病還港，假道日本，日人受清廷之托，將有不利。幸前内務大臣品川彌二郎子爵以死力争，乃免于難。抵神户上岸時，警吏接護，並館于警署之樓。去年初至，忽忽周年。二十二日，過横濱，有匪人加害，火延《清議報》，存稿從焚。二十四日夜，由警察護送至馬關，乘船返港，即去年東來之"河内丸"也。①

抵港時，時清廷以立大阿哥廢德宗故，懸金五十萬購我頭顱，並特命大學士李翰章督粤②，緝捕逮人。居港侍母，不及四月，刺客載途，一夕數驚。冬得邱菽園自星加坡贈千金，素未相識，哀我流離，投書邀往星加坡。乃于十二月二十七日偕梁鐵君、湯覺頓及爲剛首途，除夕海舟，百感咸集。

張夫人爲長女同薇擇婿麥仲華。

光緒二十六年　庚子（一九〇〇年）

正月初二，抵星加坡，寓邱氏客雲廬。廿六日，遷居恒春園，樓名南華。

二月二十六日，離去恒春園，改居林文慶宅。

三月初八，自林宅移居章宅。英督派兵保護，經常擁侍左右，居稍定。遣梁鐵君入北尋幼博（即廣仁）墓，得舊僕張陸之助，于

---

① 至馬關，泊船二日。
② 《南海康先生年譜續編》中爲"李鴻章督粤"。

南下窪覓得。乃携骸南歸。幼博之遇難，老母不知也。

京師義和團變起，時機可乘，乃使徐勤募款海外，唐才常招撫兩江豪傑，荊湘志士，相率來歸。名將吳祿貞、徐懷禮皆與焉。林圭主武昌，羅昌、梁啓超往返奔走，同時函英日友人，籲請協助，仗義勤王。秘謀于七月二十九日舉事，事前不慎，爲張之洞查悉，全計覆没，同志悉被捕獲，三十餘人當日蒙難，株連而死者千餘人。傷哉！痛哉！

七月朔，偕鐵君及家人從者移居丹將敦島燈塔。小住半月，愛其風景，島多奇石，竟日拾石弄水，看雲步山，回首故園，神傷爲喟然。既望，英督亞歷山大以輪來迎，同往檳榔嶼。館于督署之大庇閣，供帳甚盛。避地閑居，惟日誦杜詩，補注《中庸》，以消遣耳。

十一月朔冬至，補撰《春秋筆削大義微言考》，蓋六藝之中，求孔子之道者，莫如《春秋》。孔子之道，其本在仁，其理在公，其法在平，其制在文，其體在各明名分，其用在與時進化。自劉歆創僞經，改《國語》，攻公、穀，則大義乖而微言絶。因推公、穀、董、何之口説，而知微言大義之所存，又考不修《春秋》之原文，以知筆削改本之所托。草堂舊注，悉已焚失，自是重始，庶幾孔子太平之仁術，大同之公理，不墜于地，中國得奉以進化，大地得增其文明。

光緒二十七年　辛丑（一九〇一年）

正月，仍避居檳榔嶼英督署之大庇閣。瞯然念孔子之教論，莫精于子思《中庸》一篇，古人之注，大義未光，微言不著。講學廣州時，嘗爲之注，戊戌遭没，稿多散佚，避地多暇，因潤色夙昔所論，寫付于世。

二月，《中庸》注成。

四月，同璧由港來檳榔嶼侍膳。大難之餘，骨肉久乖，璧以髫齡，遠渡重洋，來檳視疾。天倫重聚，啼笑皆非，無任慨嘆，念故國家園，何日重返？

六月二十日，補撰《筆削大義微言考》成，自始迄今，凡百九十七日。

八月，假居檳嶼山頂臬司別墅，臥室窗臨山海，幽棲解百憂。惟檳地潮濕，不適于病，醫囑轉地療養，璧亦堅勸，乃于十月二十七日去檳，乘船赴印度尋雪山養病，同璧、婉絡偕行。

十一月二日，入恒河口，晚抵卡拉吉打。三日晨登岸，漫游全市。五日，約見英督署各官，請領槍枝執照。六日下午，應英巡撫茶會之邀，獲見大小印酋參謁之儀。十三日，離卡拉吉打，擬赴阿剌伯養疴，既至，以誤傳，地無靈山，土墻茅茨，了無可游。乃轉往丫忌喇，及抵，遥見紅堡炮臺，女墻森翠，白石殿塔，上侵銀漢。并訪沙之汗后陵，瓊樓玉宇，碧落煙雲，誠世界之大觀也。十五日，游紅堡，乃蒙古故宮城，建築宏偉，摩挲考據，流連忘返。十六日，游昔根嘉頓。十七日，轉赴乜刀喇，二地皆無佛迹。游婆羅門廟，購古經三卷歸。十九日，到爹利，河山環抱，佛窟帝都，人居百里，氣象萬千，乃歷游勝景。二十日，與璧訪佛迹登靈鷲峰，至祇園舊址，但見頹垣斷礎，凄凉滿目，夕陽芳草，無像無僧，大教經劫，感慨繫之，拾其遺磚以歸。二十三日，赴勒撓。二十七日，赴格亞，訪靈加塔及佛晏坐處，蔭佛之樹，仍復婆娑，得古佛二尊，經幡數事，并摘拾菩提葉，什惜珍藏如瑰寶。二十九日，返卡拉吉打，旋往大吉嶺，因卜居焉。

十二月十日，子同吉生，未彌月而夭，葬大吉嶺。

光緒二十八年　壬寅（一九〇二年）

春，于大吉嶺得佳屋于翠崖深林中，築草亭，開曲徑，設竹欄，作柴床、薙草，名其亭曰"須彌雪"。所作《須彌雪亭詩集》成于此時。

自大吉嶺携同璧游須彌山，行九日，深入至哲孟雄之江督都城。英吏及國王迎于車站，入王宮，出其妃子相見，并以貝葉經酒簋相贈，解帶答之，璧亦以指環贈其后。

三月，《論語注》成，舊注經戊戌之難散佚，惟以《論語》二十篇，記孔門師弟之言行，而曾子後學輯之，其原本出今學，實多微言，于孔子行事甚詳，擇而發明之，足爲宗守焉。避地多暇，謬復修之。同時演《禮運》大同之義，折衷群聖，立爲教説。自甲申時年廿七歲屬稿，初以幾何原理著人身公法，旋改爲萬身公法，實理公法，十餘年來，上覽古昔，下考當今，近觀中國，遠攬全地，尊極帝王，賤及隸庶，壽至籛彭，夭若殤子，逸若僧道，繁若毛羽。蓋天下人民無非憂患，苦惱雖有深淺大小，而憂患苦惱之交迫并至，未有能少免者矣。既生亂世，目擊苦道，思有以救之，遍觀世法，捨大同之道，欲救生人之苦，求其大樂，殆無由也。數易其稿，而卒成《大同書》十部。大同之治，非今日所能驟及，驟行之恐適以釀亂，故秘其稿，鮮以示人。

七月，《大學注》成。《大學》一書，内聖外王，條理畢具，提大道之要，鈞至德之元，誠孔門之寶書，學者之皆準也。特發微言大義于舊文，訂正其錯簡。草堂舊注，散佚無存，重注成之。

八月十三日，補成《六哀詩》。

冬至日，《孟子微》成。欲得孔子性道之原，平世大同之義，捨《孟子》莫之求矣。特探原分條，引而伸之，表其微言大義，不循七篇之舊，以便學者之求道也。

十一月十二日,命同璧返港省親,兼往歐美演説國事,并召同薇來侍。

十二月,居屋賃期滿,遷居公園側,花竹尤幽。

光緒二十九年　癸卯（一九〇三年）

正月,大吉嶺大雨雪,卧病絶糧。

三月,久居印度,閉門養疴,著書立説,遣歲月耳。鄉國之念,無時忽忘。比聞榮禄死,構難者無人矣。乃辭英人保護,自印度出,漫游緬甸、爪哇、安南、暹羅,并還港省母。

年來美亞歐澳非洲各大埠皆立保皇會,國家觀念之重,合群救國之義,已風起雲湧,家喻户曉,國内民氣亦漸次發達,皇躬無恙,可以徐圖立憲矣,乃易會名爲憲政會,取消保皇會名號。

七月,游爪哇,所到各埠以保皇會皆改憲政會。開報館,辦學校,隨處演説,鼓勵華僑愛國,并使僑民能洞悉國内實情。

是年,《官制議》成。

九月歸港,門人張伯楨來侍,擬命隨游充記室,彼以辦學事忙,未留,旋即辭去。

光緒三十年　甲辰（一九〇四年）

正月,在港事母。

二月,再游海外。初六日乘法國船自港行,十五日抵麻六甲,十六日過安南。

三月十二日,適暹羅。十八日,過檳榔嶼,以事稍滯,留一月。

四月十二日,自檳榔嶼乘英之"舟山"號西行。十八日至錫蘭,轉搭"孖摩拉"號船赴歐。二十日自錫蘭行,二十五日晚到亞丁，次晨九時自亞丁行，下午四時到丕倫，四月三十日夜抵蘇彝士河口。

五月初一，行運河，三時抵鉢賒，易意船"埃詩士"號赴意大利巴連的詩，連日游哈喬拉念之地下古城、奈波里邦淠古城、斐蘇威火山等處。六日抵羅馬，游教皇宮、科魯斯之門獸場、博物院、爾西尼宮、嗌士卑士宮、尼順那博物院、凱撒古墳等。十三日，游王宮，訪意外務大臣布理爾，適值其避暑他往。乃去羅馬，旋赴瑞士。十六日，自瑞士呂順湖往奧地利國，翌晨抵奧都維也納，壯麗宏偉，崇峻整嚴。遍游公園學堂等後，乘車赴匈京標德卑士，當地人物明秀，艷麗照人，長橋卧波，樓閣聳翠。游其宮室、議院及百戲場焉，旋問道返英倫。璧女自美來省，羅生文昌讀書牛津，乃相偕于六月廿六日往游丹墨。二十八日抵丹京，適逢聖壽，旅店主人特爲置酒陳花，并設龍旗焉。次日游博物院、古物院等處。

七月二日，約見丹宰相兼外部大臣顚沙，晤談頗歡。請見王，以另約期而別，至六日，未見復書，不及矣。乃乘汽船往挪威，十時船行，兩岸數十里，島嶼相夾，綠樹芊綿，紅樓相望，風景至佳，憑欄飲酒，復得鮮魚，與璧女及羅生昌對酌而樂，是時已有相尤之意。午後三時，到挪京敬士遮那，漫游各處。八日晚，搭車往瑞典，次晨抵瑞京士多貢，道路廣潔，樓閣崇麗，乃歷游名勝地。十一日，去海口得翁常熟五月凶問，哲人萎矣，望海隕涕，哀思難任。十二日，移居稍士巴頓大客舍，有湖島焉。仙山樓閣，花木扶疏，松翠波光，茂林雲影，携同璧扶杖行游，偃石聽濤，更闌未覺，幾忘人世。同璧勸息居于此，惟念中國憂亡，黃種危絕，若苟能國立種存，何煩勞心苦志，捨身之徇。東坡曰：我本無家更安往，臨睨九州，回頭禹城，凄愴傷懷，故鄉其可思兮，何必懷此都也。留連竟月。十四日，約見瑞外部大臣格拉謙，請見王，適出游未歸。

149

八月初，自瑞典馬兒磨海口渡海返丹墨。旋赴柏林。十三日，去客舍釃酒祭六烈士。嗚呼！慘遭大難，巨仇未報，僅燃燭設酒以祭，祭畢往比利時。十四日，到比京。十七日，又滑鐵盧，平岡斜繞，廣原迢遞，長松成行，直望數十里，有古戰場焉，爲長詩吊之。十八日，往荷蘭，游古宮、動物園等處。十九日，游俄皇大彼得學造船處，木板鄙陋，游之感嘆，以帝王之尊，勞身學工以興國，古今未有也。旋返英倫。

九月二十六日，自利物浦重泛大西洋赴加。

十月八日，到曼梯阿，轉赴灣高華。是夕，去客舍大廳[①]講演合衆愛國及商會農工學堂事，座中千人，肅靜無嘩，與五年前較之，迥不同矣。二十九日，重游文島，徘徊故宅，頗有蘇武氈廬之感。

十一月，赴灣高華小病，臥于山居，曾[②]游嬉理順溫泉，湖溪泛棹，幽懷無已。

光緒三十一年 乙巳（一九〇五年）

正月九日，自灣高華強病入美，當日抵舍路（Seattle），晚爲憲政會演講。十一日，渡湖赴砵崙（Portland），小住。

二月六日，自砵崙西行，赴羅生技利（Los Angeles），途經沙加免度（Sacramento）、斐士那（Fresno）、北加非（Bakersfield）等埠，均停留爲華僑演說，并成立憲政會。十一日晨，到羅生技利，該地山川蔥秀，川原綠潤。參觀各工廠名勝之暇，輒爲會衆演述大同之義，目覩物質之勝，還視中華，乃作《物質救國論》二十節，節各有題。

---

① 北溫哥華旅館，North Vancouver Hotel, letter head 1904。
② 《南海康先生年譜續編》中爲"重游"。

旋又卧病，乃賃宅羅生技利西湖之畔，以養疴焉。每日扶筇雅步，携册眠茵，或繞行湖畔，或棹艇舟中，遥臨大海，緑縟鋪菜，極目平蕪，土沃人富，氣候和暖，實療養勝地也。

五月，病稍痊，思往游華盛頓。八日，到華盛頓，歷游各處，并考學校、工廠焉。十五日，赴必珠卜，觀其鐵廠難關，旋赴紐約。

六月三日，往波士頓，稍游即返。

七月去紐約。二十二日往費城。

八月四日，游西點軍校，并閲兵。十四日，赴芝加哥，游學校、銀行、工廠各處。十六日夕，往新坡（St. Paul），旋赴粒榮士頓（Livingston）。二十日，往游黄石公園，園方三千六百里，大則大矣。惟重山無樹，山泥無氣，石色枯黄，滿目蕭颯，雖澗水諧諧，而短松數樹，亦無佳趣，有温泉數十處。美國少山，貧不得寶，故以此自珍，誇示天下耳。游凡六日，塵沙如山，炎日烈烈，了無佳趣。

九月一日，至碧架失地，旋往表色地滿天那省，游銅礦。二十日晚，乘車赴士卜概（Spokane），憲政會來送者頗多，是日已雪，寒風徹骨，斯情實深于桃花潭水也。七日，往抓李抓罅。九日，往凡利頓①，該處產酒用槐花頗多，旋赴西林。十一日，抵②砵崙，觀其大學及博物館。十八日，離砵崙赴貝士（Boise）、惡頓（Oyden）、疏瀝（Salt Lake）。月杪，抵張順（Grand Juction），從者病，不能偕，自此由大路轉小路，深入落機山盡處。

十月一日③，至文羅（Montrose），荒村無足觀。二日，宿要離（Ouray），四面雪山，中通一路，三日，以馬車上山，午時至極巔。少憩，易馬下山，沿途群峰皆雪。五日，往免駕士，行盡落機山

---

① 《南海康先生年譜續編》中爲"尼利頓"，Penlleton。
② 《南海康先生年譜續編》中爲"過"。
③ 《南海康先生年譜續編》中錯爲"十一月"。

151

矣。南入[①]新墨西哥境，稻田似中國，溝澮遺迹猶存。六日，乘車東返，夜深一時至顛啡咦（Denver），可羅拉多之都會也。次日搭車往乾沙色地（Kansas City），自此極目平原，十里無阜，惟見牛羊畜牧而已。自此南行，望抵鳥柯連，一游南國風物，該地之密士失比河，高于平地五尺，常有崩決，曾派工程師到中國學黄河築堤之法，步游堤上，悉如中國。十八日，張福來談中美事甚詳，頗思一往。二十七日，往新村，觀其賽會及油産焉。

十一月三日，自新村（San Antonio）乘汽車離美往游墨西哥。美墨間以一路間河（Rio Gronde）分界。六日，至萊苑小住，詳考其銀礦、銀局。

光緒三十二年　丙午（一九○六年）

正月，赴墨京，黄寬焯及黄日初讓屋以居，殷勤可盛。閏三月，晨夕籌燈，閉户著書，博考今古，并研究國人去墨之古迹焉。

三月，謁墨總統爹亞士于前墨主避暑行宫。爲憲政黨去墨籌開銀行，築鐵路，并置地十里，建二石樓焉。留墨半載，貫其南北。

六月，再泛大西洋赴歐，至是已五渡重洋矣。

七月望，去美蘭那[②]，旋赴德觀克虜伯炮廠。廿二日，往法國。二十三日，晨至巴黎。往聞巴黎繁麗冠天下，頃親履之，乃無所觀，宫室未見瑰詭，道路未見奇麗，河水未見清潔，遠遜柏林、紐約。

留巴黎十餘日，歷游鐵塔公園，故宫博院華宫中所藏環寶異器不可勝數，堪稱天下第一，存我國内府珍物頗多。郜鼎入于魯廟，

---

① 《南海康先生年譜續編》中錯爲"即"。
② 《南海康先生年譜續編》有"在美蘭那觀博覽大會"。

大吕移齋臺，斯庚申、庚子之役也，京邑兩失。淋鈴再聽，倘不之戒，豈非安其危而利其災耶？嗚呼！我心淒淒，傷感無似。

更游拿破崙記功坊、蠟人院，探杯倫園，窮奇盡勝，并于廿七日乘氣球焉。

八月，赴瑞典，再游稍士巴頓。以瑞典島嶼百億，山水幽靜，買山隱焉，題爲避島卜居，號曰"北海廬"，《避島詩集》成于此時。

自是即以瑞典爲固定之家。家近瑞王離宮，時通往來。

十一月十九日，再游德國，廿日抵柏林，先後九至，觀其王宮、武庫及威廉第一故宮室、歷代先王之遺藏殿，并波士淡舊京。既而出柏林，游溫氏湖，觀壘來因，放歌于沙立曼石。二十九日，至怯論花頓，游覽塔寺。

十二月一日夕，自嘻順公國京渡來因，次日至怯倫。旋往荷京，游王宮、議院及藏書樓，并赴亞連侯離宮，一覽萬國弭兵會所焉。四日，還德亞痕。五日[①]，赴比利時，轉道往巴黎小住。游路易十四王宮。十二日，自奸悟[②]往游蒙得卡羅，小國也，然其宮室、服飾、戲樂皆冠絕歐洲，嘆觀止矣。稍游即赴西班牙，十六日抵班京。游古迹、王宮等多處。二十日，赴陀鳌度（Toledo），觀其古廟、回宮及陸軍學校焉。二十二日，到可度埠（Gerdova），城堞環河，後臨[③]群山，道路人家與墨國全同[④]，人物秀美。二十四日，游舊京迦憐拿大，回教故宮及回廟頗可觀。地居群山中，風緻尚好。二十五日晨，乘車赴直布羅陀，背山面海，雄峻異常，向晚燈火熒煌，兵船環泊，英之所以威也。次午渡海赴摩洛哥，京城

---

① 《南海康先生年譜續編》中爲"六日至比利時"。
② 《南海康先生年譜續編》中爲"加悟"。
③ 《南海康先生年譜續編》中爲"倚"。
④ 《南海康先生年譜續編》中爲"同風"。

曰費（Fes），訪其王，居民半化，街道穢隘。居三日，除夕赴當之（Tangier），渡海至稽鐵士（Cádiz），留度歲焉。稽鐵士在班得美洲時最盛，現已大衰，惟仍新整。

光緒三十三年　丁未（一九〇七年）

元旦，自稽鐵士赴班女王故京篩非，游王宮科倫布墓回廟及畫院各處。初七日，往葡萄牙，夜于邊境遇盜，鳴槍示之，未遭毒手。八日，抵葡京里斯本，稍事游覽即乘法車赴巴黎，轉返英倫。

璧女由美國來倫敦小住。[1]

二月初一，偕璧女自利物浦乘輪赴紐約。是時美已先期報載，各分會均派代表來接，并爲備六白馬駕車，租寓華道夫旅館，爲懸龍旗示歡迎焉。初五日爲五十歲生日，會衆爲祝嘏壽。是日，召集會中首要商酌整頓會務并議立銀行，當蒙一致贊助，華益銀行即時成立。

事後國内各處紛紛效尤，因而成立銀行不少。

紐約繁華，鎮日擾擾，旋遷往離城數十里之鄉間，名布朗飛路者，水秀山清，天然美雅，謝客避居，稍息疲勞。是時璧女在加林堡大學讀書，每日下課即來此居住隨侍，略慰沉寂。

是歲，有海外亞、美、非、歐、澳五洲二百埠中華憲政會僑民共有上請願書之作。

冬[2]，納姬何旃理女士。

---

[1] 《南海康先生年譜續編》中爲"同璧來倫敦省親"。
[2] 《南海康先生年譜續編》中爲"十月"。

光緒三十四年　戊申（一九〇八年）

春，仍避居稍士巴頓。

四月，薇女久別，適偕其婿麥仲華來瑞，璧女亦來省親。一家骨肉團聚異鄉，不勝離合之感。偕游德國舊京波士淡之河鼇湖及瑞典京城。十五日，訪鴨沙大學。

五月廿一日，携同璧由瑞京赴北冰海，廿三日晨至布顛邑，環湖依山，冰雪滿目，尋入挪境，見立蘭人，衣皮居幕，頗似蒙古，午至拿域，鐵路至此止。易舟行島間，雪山照眼，夾迎不絕。午夜，舟主呼起觀日，日落山顛，于此復起，天下之奇觀也。二十四日，抵喊呢非士，地球極北之邑，至北海角①止。行三日，經洞島等處。景甚奇。極海山之大觀。二十八日抵那（挪威）舊京陀潛，棄舟乘車，赴那京（挪威）轉返瑞典。

六月，將游澳洲及歸省母，決捨宅去歐。乃以月之十八日束裝往歐東各國。十九夕抵柏林，易車赴奧轉道維也納京，四年舊踪，已改建易新，水木明瑟，游冶不倦。二十二日，乘車南入塞爾維亞，次夕抵其京悲羅吉辣地，以山名者也，都建于岡巔，城道頗潔。翌日，赴布加里亞京蘇菲，二千里曠野平壤，至此背枕崇岡，遠接群山，旋穿巴根山，岩巒叠秀，渡多鐃河，煙波遼闊，入羅馬尼亞，遨游歐東焉。二十九日，泛黑海赴突厥，午時抵君士坦丁，該都兼控兩海，形勢奇偉。是日，適逢突厥主下詔立憲法，夾道歡呼，晝夜不絕。

七月七日，自君士坦丁乘汽船往雅典，九日抵丕廖市，易舟乘車赴雅典。大地文明，孕育于斯，裹十日糧米，訪古探勝，窮極其迹。然而山陵枯索，飛塵漫天，烈日炎熇，蒸人如甑，蓋失氣運久

---

① 《南海康先生年譜續編》中爲"地球極北之地，午至敬岬，譯言北海角"。

矣，感喟唏嘘。十五日，再穿瑞士山，假道地中海，泛印度洋，還檳榔嶼。

八月，歸途路過楞伽，再游佛迹焉。

九月，返檳榔嶼。

十月，迎養母勞太夫人于檳榔嶼。

十一月廿六日，子同籛生，母嘉慰，因名所居曰"南蘭堂"。比聞德宗噩耗，悲痛萬分，鼎湖棄世，昊天罔佑，素聞德宗自被幽囚以來，聖躬頗健，忽攖不治，疑案難決，又悉係袁世凱所毒弒，證據確鑿，真相明矣，除爲文以祭吊外，另作《討毒弒捨身救民聖主之逆賊袁世凱檄》，哀啓，及上監國攝政王書，以討袁焉。

十二月，母勞太夫人返港。

宣統元年　己酉（一九〇九年）

正月，居檳榔嶼，時與門人王覺任消遣行吟于南蘭堂園中，并名所居草亭曰"乾坤一草堂"，築廊曰"行吟徑"，常小病，懷門人麥孺博甚，旋再赴歐。

二月，花朝偕璧女渡紅海看日出，便道游埃及古國。歷訪開羅、録士等地，觀其金字塔、古王陵、石獸諸迹，五千年之遺物，大地最古文明之地也。

三月一日，由開羅乘車赴鉢賒，易船往巴勒斯坦，憑吊耶教聖地耶路撒冷周近各處，并游死海焉。

四月，去英。

五月，自倫敦出利物浦又往美洲，復居文島。

六月，還歐歸檳榔嶼，路過楞伽，再游乾地。

七月朔，重返檳榔嶼，自庚子七月來居，于今已五度十年矣。

九月，再游印度，赴密遮拉士訪僧寺不獲，至丹租，有感于盡改佛堂僧寺爲濕婆教廟，悟正負陰陽反動力之自然之理，并游孟邁象島。

冬，居檳榔嶼。

宣統二年　庚戌（一九一〇年）

春夏去檳榔嶼。

七月望，過丹將敦燈島赴星加坡。

八月，返港。

十二月，再往星加坡，一夜，刺客斬門而入，斷車夫臂，幸以曉行，而免于難，豈天意耶。除夕，居海濱丹容加東，以去國十二年，傷存念亡，雲海凄迷，不勝浮海居夷之感。

宣統三年　辛亥（一九一一年）

春，仍居星加坡。

三月，聞門人梁伯鳴卒，二十八日爲文祭之。

四月十日，返港省母。

五月十一日，去港重游日本，寓須磨梁任甫之雙濤園，自築小樓，十弓臨海，名曰"天風海濤樓"，不時與矢野文雄、犬養木堂等把酒話舊，感慨撫然。

九月，以革命大勢捲潮倒河，而列强環伺，不禁惴惴恐慄，乃横覽萬國，竪窮千古，考事變，計得失，怵禍患，作《救亡論》十篇以告國人，寄之上海，無敢刊者，乃匿藏焉。未幾，清廷宣布憲法信條十九條，而海內志士仍進求共和政體不已，又撰《共和政體論》，倡立虛君主共和之制焉。

十月，女同琰生，夫人夢火入窗，女之左足末端有紅痣，常懼不啼。

十二月二十七日，再游箱根。

民國元年　壬子（一九一二年）

二月，自須磨雙濤園遷近月見山下須磨寺側，有小園焉，值五五初度，門人梁啓超等連日爲壽，詩酒縱歡，聊以慰藉，尋覓得須磨湖前宅，僻地幽徑，豁爲大園，備林池山石澗泉花木之勝，是園舊名長懶別莊，以任甫之請改爲奮豫園①。

四月，共和後財政困絶，借外債達六萬萬兩，外人監理，舉國驚憂，難能恝置，檢數年前舊撰之《理財救國論》刊布行世，并擬《中華民國國會代議院議員選舉法案》一文，凡六章百十八條，期參議院能予采擇也。

夏，以共和成立數月，仍無定法，萬國眈眈，暴民擾擾，恐失道以取分亡，憂華胄將淪爲奴隸，作《中華救國論》兩萬餘言以警世焉。

秋八月，作《孔教會序》，闡明孔子之道，以人爲天所生，故尊天，以明萬物皆一體之仁。又以人爲父母所生，故敬祖，以祠墓著傳體之孝。欲存中國，必先救人心，善風俗，拒詖行，存道揆、法守者，捨孔教莫由。十三日夜，爲文祭六君子，適任甫歸國，賦詩送之。并作《來日大難五解》：一憂庫蒙，二憂西藏，三憂瓜分，四憂割據，五憂民生。二十九日，游大阪天王寺。

十月，與犬養木堂偕游日光山，觀瀑布。又偕旃理游箱根蘆之湖，觀富士岳出現，以爲旃理壽。月抄，游銀閣寺。

---

① 《南海康先生年譜續編》中爲"奮務園"。

冬[1]，以外蒙叛，西藏失，各省自主，磔裂支解，而政府湤湁[2]却縮，不敢過問，令不能行，祇餘羈縻，財無所出，唯有借外，乃重以二十年來之舊說，發爲《廢省論》八卷，以告政府、議員、都督、黨人，庶幾未雨綢繆，救亡弭亂。

十一月，年來外債累累，財政急轉直下，近又與六國銀行團議借兩千五百萬鎊，賣國賣民，莫此爲極，作《大借債駁議》，以曉國人。二十六日游離宮，二十八日偕伯昌男爵游法隆寺。

十二月，門人徐勤應僑胞選爲議員歸國，途經日本來謁，念彼自辛卯從游，共患難者十有五年，行前遲疑，經爲序文以送之，并贈以日本五百年之短刀，喻武魂足以致强也；高麗千年之鏡，鑒其滅亡也；埃及金字塔六千年之石，法其久堅也；馬丁路德之鈴，仿其信勁也；自己之像，以雖離索仍常相見也。

民國二年　癸丑（一九一三年）

春，擬歸港侍母，以患瘍甚，日人善刀圭，刀割于東京，未果行。

二月，門人陳遜宜、麥鼎華等編《不忍》雜志，集刊論著、游記等，月出一册，曾爲作序，以闡其旨。序云："覩生民之多艱，吾不能忍也；哀國土之淪喪，吾不能忍也；嗟紀綱之亡絶，吾不能忍也；視政府之窳敗，吾不能忍也；傷教化之陵夷，吾不能忍也；見法律之蹂躪，吾不能忍也；覩政黨之争亂，吾不能忍也；懼國命之分亡，吾不能忍也；願言極之，惻惻沈詳余意也，此所以爲《不忍》雜志耶。"每集均有政論，痛恨時局，哀民之苦，斥責政府，

---

[1] 《南海康先生年譜續編》中爲"十一月"。
[2] 湤湁：軟弱，懦怯。《宋史·歐陽修傳》："宋興且百年，而文章體裁，猶仍五季餘习，鎪刻駢偶，湤湁弗振，士因陋守舊，論卑氣弱。"

彼岸的罟陋俗，大聲疾呼，以告國人耳。

七月七日，勞太夫人病風，八日未刻，卒于港廬，壽八十三歲。適以割瘍不能即歸，張夫人及從弟有霈、有銘同理喪焉。

九月十日，《不忍》雜誌以親喪不能執筆而休刊。

十月病愈，奔喪歸港。

十一月四日，從"海明"輪運載勞太夫人與弟有溥二櫬歸葬羊城，港督及粵督均以警吏兵艦護葬焉。十六日，安葬于銀塘鄉之後岡。

丁憂期間，袁世凱疊電招致，均經謝絕。

民國三年　甲寅（一九一四年）

是年居喪。

二月，仲姊逸紅卒。六月返滬，及抵，李提摩太開（筵）會歡迎，中外士紳，濟濟一堂，爲演講大同之義。

十二月五日，何姬旃理卒，卒年二十四歲，姬粵籍，游學美國，明慧婉嫕，慕名來歸，七年隨從，漫游歐美時，充秘書譯事，而今玉棺長臥，伊人逝矣，滄海月明，胡笳聲斷，遺子女各一。

除夕，撫棺莚紹山莊①，念自去年以來，連遭三喪，天降鞠凶，肝腸寸斷，外憂國事，内憯家難，人間何世，亦復何心，豈東坡所謂"亦有羈旅人，天窮無所逃"耶。

民國四年　乙卯（一九一五年）

元旦，與孺博、若海縱談國事。

---

① 《南海康先生年譜續編》中爲"延紹山莊"。

三月游杭州，門人王公裕、鄧百邨及女同璧、同復、同琰，子同籛等偕焉。① 自丁酉九月携長女同薇來游西湖後，翌年即蒙難去異域，忽忽十九年。舊地再游，春雨春風，易劫經年，湖波澹蕩，蘇武重來，愴懷不已。

十月，居滬上申嘉園。

十二月，袁世凱帝制將成，乃奔走呼號，以抗袁氏，曾致書蔡鍔。鍔，任甫弟子也，勸其先收川蜀，俟安撫既定，然後出師，以三秦西馳而爭楚漢，以朝氣方興之義旅而討時日曷喪之獨夫，其必勝無言也。未幾，門人徐勤發起討賊，張夫人以港屋質二萬金助餉，徐以十九艦攻粵，與龍濟光言和焉。

民國五年　丙辰（一九一六年）

二月，送徐君勉回粵赴義。時袁世凱雖已撤銷帝位，廢止洪憲，仍圖苟延殘喘，乃再通電七省督軍，勸其結盟保持中立，同時致書薩門司總領事，遏止袁之兩千萬借款②。

著《中國善後議三策》，懸諸國門，以待難者，昔《呂氏準南》字值千金，難我者，亦願以千金爲酬。

六月，偕徐子靜侍郎游杭州龍井。

八月，登泰山絶頂，上封臺，東過日峰，觀日出，旋返渡泗水，游曲阜祭孔陵。

九月，游鳳陽明陵及明太祖爲僧處之龍興寺。七日，游莫愁湖。重九登金山塔，夜登焦山。宴畢，趁月渡江，旋赴蘇州，游靈巖鄧尉。

十月，游茅山。七日，宿陶隱居松風閣，并登大茅山頂焉。

---

① 游杭州高莊。
② 向美波士頓商人借款兩千萬。

民國六年　丁巳（一九一七年）

元旦，賦長詩二百三十五韻，題爲《開歲忽六十篇》。追溯往事，歷歷在目。自戊戌遭難，流亡異域者十有六年，經三十一國，行六十萬里，一生不入官，好游成癖，而今余其老矣，白鬚絲絲，短髮眊眊，惟滿腔壯懷，赤心猶喜稺，安得假年百二十，一展大同之志。

二月，六十初度，門人集滬爲祝嘏焉，徐勤子（徐）良携《戊戌輪舟中與徐君勉書》手迹請跋，感往念舊，中心惻惻。

自共和以來，五年三亂，今袁氏殂逝，正中國存亡之秋而清室絕續之關也。屢次致書紹軒，商洽復辟。蓋欲救中國，非虛君共和不可，撰《勤王宜直擣京師議》一文示紹軒，促其疾趨京師，并于五月八日與善伯偕沈子培、王聘三乘車由津浦路北上。九日晚抵京，去國廿載，生入國門，感慨何似。十三日，擁戴宣統復辟，恢復大清國號。爲草擬復辟登基各詔書，多以保中國衷生民爲題。賞頭品頂戴，受命爲弼德院副院長。旋難作，十八日轟炸宮城，二十日夕遷入美使館，借住美森院。二十四日侵曉，變亂起，復辟失敗。二十九日，政府以首犯搜捕，回首戊戌八月，適正廿年，深閉館内，老僧入定，蒙難倉皇，重悲黨錮。

八月，徐子静逝世，爲文祭之。

十月二十二日夕，美使館派文武吏士以專車護送出京返滬，乃住沁園。半年幽居，常慮不測，輯廿年政論，爲《不幸言中，不聽則國亡》一書，并追舊事，述世德，紀廟祀，成康氏家廟之碑文。

潘其璇續編《不忍》雜志，以九、十兩期合刊一册。

冬至赴青島，訪恭邸不遇，承贈以家具什物，留貲宅焉。旋赴大連、旅順。

民國七年　戊午（一九一八年）

六月，門人龍伯純來謁，携戊戌絕筆真迹求跋。適出游杭，未遇，及返，爲長跋數千言。此書自戊戌後流落人間，孰料爲再傳弟子江天鐸無意中得之于橫濱殘書肆中，嗚呼！得失遇合之奇，有足異者，豈佛法因緣也歟。

民國八年　己未（一九一九年）

十月，移葬勞太夫人及弟有溥于茅山積金峰下之青龍山。

民國九年　庚申（一九二〇年）

三月，赴會稽山陰。十五日訪蘭亭，游柯岩，探禹穴，登紹興城，并吊越王勾踐。
游存廬成。

民國十年　辛酉（一九二一年）

杭州一天山之人天廬成。

民國十一年　壬戌（一九二二年）

五月九日，自曲阜到泰山。二十一日，張夫人妙華卒，享年六十有七歲。夫人淑孝恭儉，明決勤敏，所生子女八人，卜葬于金壇縣茅山元祚村之原。
薇、璧來滬奔喪，骨肉久離，死生契闊。

六月,湖南省長趙恒惕倡聯省自治,爲電斥之爲亡國之舉。

奉戰後,曹錕電詢以中國之善後事,告以宜開國民大會,復國會,制憲法,不可因循籍舊,重蹈覆轍。

九月二十八日,游西溪,看蘆花。

民國十二年 癸亥(一九二三年)

元月,隱居一天園,校詩。十八、十九日,叠電吳佩孚,囑其收溫樹德之海軍以期統一中國。二十日,電張敬輿,告以國事會議不可開,藩鎮割裂爭權,焉可空言統一?旋以張閣辭職,亟電勸止。

二月,赴海門。

三月,游河南開封禹王臺龍陵,謁泰昌陵。月秒,還游南京清涼山。

五月,游濟南、青島。成立萬國道德會。

六月,游北戴河。

九月,游陝、洛,登華山頂。

十二月,游武漢。十九日,與徐良、陳時特赴洪山寺後覓庚子勤王死難烈士之墓。披荆穿蔓,久始發現,短碑殘碣,奠酒焚楮以祭之。既告蕭督耀南,慨然修其墓,陳時樂任其事。

除夕,歸滬。時璧女及文仲偕兩孫邦鳳由星加坡卸任來滬省親,數年不見,喜可知也。

民國十三年 甲子(一九二四年)

元旦,薇、璧携子女來游存廬度歲。六十七翁,古稀垂老,兒孫繞膝,歡度元春。

上元,住西湖一天園。致書吴子玉,勸其推誠以待趙恒惕,收撫湘省。

附：補康南海先生自編年譜

民國十四年　乙丑（一九二五年）

民國十五年　丙寅（一九二六年）

三月，電致諸將帥，請其恢復皇室優待條件。

往京津祝萬壽，踪游故京，同門戚舊，連日宴集。居于婿文仲家。

民國十六年　丁卯（一九二七年）

二月五日，七十誕辰，門弟子咸來滬祝壽，賦詩稱觴，任甫撰壽言，歷述萬木草堂舊事。宣統帝賜御筆"嶽峙淵清"匾額，由徐良帶來滬濱，恭設香案謹領并爲摺謝恩。

十三日，整裝赴青島，預感將有人天之游、緣盡上海，巡視小園一迨遍，盡携蟒服冠帶以隨，對家人子女一一道別，并以遺囑示薇、璧。

二月二十八日晨五時三十分，逝世于青島寓廬。

卜葬于青島勞山李村象耳山。

附康同璧所記：民國三年（一九一四年），此年事迹仍多缺，俟查出寄來補足。

宣統元年（一九〇九年）、二年，兩年之事此篇未限詳，須再查。當日你外祖之行踪，再補入。俟過日再補寄加。

以上自民國七、八、九、十、十三至十六年，數年之事皆待查後再寄來補上。

165

附　錄

附錄一　社團介紹

愛國學堂，是康有爲及其保皇會教育系統的一部分。

保皇會，"保救大清光緒皇帝會"，又稱"中華帝國維新會"，是康有爲和一批加拿大愛國華僑於 1899 年 7 月 20 日在加拿大維多利亞創立的。《保皇會草略章程》稱，本會專以保全中國爲主，蓋中國危弱，欲保身家非保國不可，欲保中國非保皇上復位不可，故本會名保皇。在數年中，其分會發展到二百四十多個，成爲中國近代歷史上第一大政黨。

《大同日報》，1900 年創刊于美國舊金山。

大同學校，1899 年成立于日本橫濱。

帝國憲政會，保皇會于 1907 年 1 月 1 日改名爲"帝國憲政會"，直到 1912 年。

干城學校，1903—1905 年期間在北美成立的保皇會軍事學校。

洪門，海外華人秘密社團。

華豐公司，保皇會商務公司分公司，1904—1907 年間在星加坡。

華墨銀行，保皇會商務公司分公司，1906 年成立于墨西哥托雷翁。

華益銀行，保皇會成立于 1904 年，總部在香港，有多處分行。

廣智書局，1902 年成立于上海，流亡日本橫濱的梁啓超托名香港商人馮鏡如創立，是一家以發行翻譯著作爲主的出版機構。

瓊彩樓，瓊彩樓公司（King Joy Lo Company），1907—1927。

中國商務公司，1904年3月成立于香港。

《商報》，1904年3創刊于香港。

《時報》，1904年梁啓超在上海創刊的保皇會報紙。

《文興報》（*Mon Hing Po*），1899年創立于美國舊金山。

《新民叢報》，1902年2月梁啓超創辦于日本橫濱。從創刊到1907年11月停辦，共出版96期。

《新中國報》（*Sun Chung Kwock Bo*），又稱"少年中國"（Young China），保皇會在美國檀香山創辦，1900年3月23日首刊，經理鍾木賢，主筆梁啓超。

興中會，孫中山創立于1894年11月24日，中國國民黨前身。

正氣會，1900年戊戌政變後，維新派唐才常等人發起的政治組織。

政聞社，清末立憲運動中成立的一個頗有影響的政治團體。1907年10月17日，由梁啓超、蔣智由、徐佛蘇等人在日本發起成立，以配合清政府"預備立憲"。1908年8月被清政府下令查禁。

致公堂，又稱洪門，是清末海外華僑會黨組織。

中國民主憲政黨，出自保皇會、帝國憲政會，1956年在舊金山成立。

中國同盟會，1905年8月20日成立于東京。

自立軍，是中國近代資產階級維新派組織的武裝，是康有爲"保皇派"與孫中山革命派合作的產物。

自立會，清末由唐才常組織發起，由資產階級維新派、革命派及會黨群衆組成的政治組織和武裝起事組織。

附錄二　海外保皇會的分布

保皇會遍布五洲，其數量一直沒有一個較完整的統計。自康有爲1899年7月20日在加拿大維多利亞創建保皇會，美、加各地紛紛仿效成立。到梁啓超1903年游美時，在《新大陸游記》中統計，截至1903年春天已有11個總會，113個支會；1905年康有爲游美時的《保皇會公議改訂章程》記有"保皇會開辦五六年，遍于五洲，凡百六十餘埠"；1906年10月21日，《布告百七十餘埠會衆丁未新年元旦舉大慶典告藏》發表；1908年7月28日《海外二百埠僑民請願書》發表。可見至此時，保皇會已有超過200餘埠分會遍及五大洲，直至目前只有100多埠的保皇會被證實，其他的仍然懸疑。

但是筆者從新近發現的康有爲《海外保皇會呈請代奏請戰文》一文中，發現其上列有134埠保皇會，加上數年前加拿大維多利亞保皇會重建時，在墻壁夾縫中發現的1905年《加拿大屬域多利埠倡建創始保皇會所記》上記有的34埠，以及1908年《捐建帝國憲政總會所買地徵信錄》中所列的90埠保皇會，經過重新統計，在海外的保皇會已超過240埠，遍布北美洲、南美洲、亞洲、澳洲和非洲五大洲。當然還有一些在世界各地報刊、史料中提過的分會有待補充。

有人説："有華人的地方，就有保皇會。"從這個較完整的保皇會所處的城市，可以瞭解20世紀初遍布海外的華僑和深入研究華

附錄二　海外保皇會的分布

僑史，同時也可以給研究保皇會歷史的學者們提供在這些地方找到第一手史料的方向。

　　加拿大有 50 餘個城市都有保皇會組織，包括一些現在已經消失的城市，其中卑詩省（British Columbia）爲保皇會的主要發源地。另外，美國西部也是保皇會的主要发展地。

　　以下是以上三份史料中的保皇會所在城市及統計後的中英文地名對照。要搞清楚中文城市的英文名稱是一項艱巨的任務，其中海外學者做了大量的工作。其中《海外保皇會呈請代奏請戰文》一文中的地名是根據 1903 年溫哥華出版的《中國英語短語書和字典》①、1913 年黃金編輯出版的《萬國寄信便覽》② 和 1905 年出版的《巴拉德城市目錄》③ 進行核實的。在整理過程中，不免有差錯，敬請指正。

1. 康有爲《海外保皇會呈請代奏請戰文》1904 年（134 埠）④

　　美洲加拿大：域多利、灣高華、二埠、孟士丹臣、老埃崙、企李活、占美利市、李地士蔑、乃磨、夭寅、米鴉士級、作隙、加士隙、加蘭福、爾利臣、章臣、卡士碌、企連活、洛隙、童利士、錦碌、笠馬士篤、士波崙、那士邊、枀臣、美臣、厄緊士、火者、雲寧、根舞、煙利西、俄崙、寬利、麥巧婁、卡忌利、巴父、柯地華、滿可地、宙卜、火士梯、車厘歪、賀士隙；

　　金山：大埠、屋崙、羅生忌利、梨頓、惡頓、拍雪地、爹口市頓、砵崙、亞士多利、砵黨順、舍路、益加磨、貓雪地、笠榮士

---

① *Chinese and English Phrase Book and Dictionary*, Vancouver: Thomson Stationery Company, Ltd., 1903.
② Wong Kin, *International Chinese Business Directory of the World*, San Francisco：International Chinese Business Directory Co., 1913.
③ *Polk's Ballard City Directory 1905*, Polk's Seattle Directory Co.
④ 香港《商報》光緒三十年甲辰正月廿一日。

169

頓、波士文、美士文、美所罅、快甤利、氣連拿、卑令士、美利士頓、貝士雪地、爹崙、散波、科品頓、保罅、哮巴、加利、士披、士卜堅、抓李抓罅、迪活、宙哈、梳路力、波士頓、碧加雪地、片利頓、必打、委市、坦令頓、喜利、所笥、博結士、費城、哈佛、沙爹、墾士、梳絡力雪地、散波、洛士丙令、剪化、科呼、堅士雪地、夏利佛、努約、必珠卜、檀香山、墨西哥、個郎、巴拿馬、山沙威度、散島、煙灣拿埠、廉麻、利巴、砵路非；

东洋：横濱；

南洋：仰光、華城、暹羅、安南、加厘、吉打、哥林埔、亞士、孟加拉、茂密、日惹、羅疏、蘇拉拜亞、巴蘇温、萬隆、三寶壟、錦石、井里文、泗水、巴城；

澳洲：雪梨、鳥絲綸、美利畔、普埠、西澳省；

南非洲：砵衣厘是等埠。

2.《加拿大屬域多利埠倡建創始保皇會所記》1905年（34埠）[①]

域多利、乃麽、乾連蔚埠、二埠、雲寧、亞市給、亞極士埠、作隙埠、利地士吻、加蘭福、占美利市、卡忌利、吭哥花（吭哥化）、吭地碧（吭打碧）、啡叻板偈、嚷頓、夭寅米、市姊廠（市地廠）、把歸埠、滿地可、火士娣、火委啉、爾利順埠、的士但臣、章臣、笠巴士篤、網式架埠、老市崙、老挨崙、茄士隙、葛汝、軔地和、那士邊、錦補碌（冚補碌）。

3.《捐建帝國憲政總會所買地徵信録》1908年（90埠）[②]

加拿大埠、域多利、灣高華、二埠、火士娣、吭地碧、吐朗度（都朗度）、舍路、士卜堅、抓里抓罅、碧架舌地、埃士多利、片利頓、打罅市、新進、路士卜、尾利允、羅省、快些利、粒巴、士

---

① 保存于加拿大維多利亞保皇會會所原址。
② 上海文物保管委員會編：《康有爲與保皇會》，第529—537頁。

附錄二 海外保皇會的分布

作頓、沙加免度、山巴罷、惡頓、栢失地、梳叨埠、氣連那、表舌地、哈美所罅、加李士跛、典地港打、祿市倉罅、火品頓、坎文頓、立榮士頓、貝市、新薑、敬士失地、奴約埠、費城、必珠卜、咭厘亞根、先絲拿打、吸唵、加欖罷市、姐侖、芝城、布魯非、那柯連、火打慎火伴、乾連侖、比叨珠、波士頓（保士頓）、紅毛撥、因陳盧卜、美屬新村、偉咕、千二米、汝利慎、新味、威麻、地拉士、波利磨、閑拿尼、姐咕、本市、華盛頓、哈佛、紐喜允、檀香山、墨西哥埠、亞林務士、磨詩耀、菜苑、山寸、諫拿呢、三寶壟、雪梨、意史倫敦、砵厘士卜、瓜地馬拉、立定士頓、中美洲檸檬埠、巴拿孖、卜忌斜拿、散島、古巴埠和老臂埠、道禧、香港埠。

171

附錄三　保皇會地名中英文對照表

加拿大：

現用地名	英文地名	曾用地名
維多利亞（卑詩省）	Victoria, BC	域多利
溫哥華（卑詩省）	Vancouver, BC	灣高華
新西敏（卑詩省）	New Westminster, BC	二埠、烏威士兔士打
待考①	Mines Extension, BC	孟士丹臣
盧盧島（卑詩省）	Lulu Island, BC	老埃崙、魯魯島
基洛納（卑詩省）	Kelowna, BC	企李活
徹梅納斯（卑詩省）	Chemainus, BC	占美利市
萊迪史密斯（卑詩省）	Ladysmith, BC	李地士蔑
納奈莫（卑詩省）	Nanaimo, BC	乃磨
	Union Mine, BC	夭寅
		米鴉士級
	Cheery Creek, BC	作隙
卡什克里克（卑詩省）	Cache Creek, BC	加士隙
大福克斯（卑詩省）	Grand Forks, BC	加蘭福
納爾遜（卑詩省）	Nelson, BC	爾利臣、汝利慎
	N.W. Junction, BC	章臣、長善
卡斯洛（卑詩省）	Kaslo, BC	卡士碌
格林伍德（卑詩省）	Greenwood, BC	企連活

---

① 該表格中空白處均爲"待考"，後不再逐一標注。

附錄三　保皇會地名中英文對照表

續表

現用地名	英文地名	曾用地名
罗克里克（卑詩省）	Rock Creek, BC	洛隙
		章利士
坎盧普斯（卑詩省）	Kamloops, BC	錦碌
雷夫爾斯托克（卑詩省）	Revelstoke, BC	笠馬士篤
坎伯蘭（卑詩省）	Cumberland, BC	冚波崙
北本德（卑詩省）	North Bend, BC	那士邊
	Extention, BC	衆臣
米遜（卑詩省）	Mission, BC	美臣
阿格西（卑詩省）	Agassiz, BC	厄緊士
耶魯（卑詩省）	Yale, BC	火者（埠）
弗農（卑詩省）	Vernon, BC	雲寧
坎莫爾（卑詩省）	Canmore, BC	根舞
阿羅黑德（卑詩省）	Arrowhead, BC	煙利西
戈爾登（卑詩省）	Golden, BC	俄崙
弗尼（卑詩省）	Fornie, BC	寬利
利頓（卑詩省）	Lytton, BC	嚹頓
	Fort Steel, BC	火士梯、火士姊
奇利瓦克（卑詩省）	Chilliwack, BC	車厘歪、乾連蔚、車梨役
		賀士隙
史蒂夫斯頓（卑詩省）	Steveston, BC	市姊廠，市地廠
弗雷澤木廠（卑詩省）	Fraser Sawmill, BC	啡叻板偈
	Fair Valley, BC	火委啉
克蘭布魯克（卑詩省）	Cranbrook, BC	錦補碌
阿什克羅夫特（卑詩省）	Ashsroft, BC	亞市給
	Mt. Sicker, BC	網式架埠
巴克維爾（卑詩省）	Barkerville, BC	把歸埠
基里米奧斯（卑詩省）	Keremeos, BC	葛汝
羅斯蘭（卑詩省）	Rossland, BC	老市崙

173

續表

現用地名	英文地名	曾用地名
悉尼（卑詩省）	Sidney, BC	申汝
克內爾（卑詩省）	Quesnel, BC	委市
	Sandon, BC	沙爹，聖頓
麥克勞德堡（卑詩省）	Fort Macleod, AB	麥巧婁
卡爾加里（愛伯塔省）	Calgary, AB	卡忌利
班夫（愛伯塔省）	Banff, AB	巴父
溫尼伯（曼尼托巴省）	Winnipeg, MB	吥地碧、吥打碧
倫敦（安大略省）	London, ON	嚨頓
多倫多	Toronto, ON	吐朗度、都朗度
渥太華	Ottawa, ON	柯地華
蒙特利爾	Montreal, QC	滿地可
魁北克	Quebec City, QC	柯京

美國：

現用地名	英文地名	曾用地名
湯森港（華盛頓州）	Townsend Port, WA	砵薰順
西雅圖（華盛頓州）	Seattle, WA	舍路
亞基馬（華盛頓州）	Yakima, WA	益加磨
斯波坎（華盛頓州）	Spokane, WA	士葡堅
沃拉沃拉（華盛頓州）	Walla Walla, WA	抓李抓罅
貝靈厄姆（華盛頓州）	Bellingham, WA	貞林罕
塔科馬（華盛頓州）	Tacoma, WA	地疝巴
波特蘭（俄勒岡州）	Portland, OR	砵崙
貝克（俄勒岡州）	Baker City, OR	碧加雪地
阿斯托里亞（俄勒岡州）	Astoria, OR	亞士多利
俄勒岡城（俄勒岡州）	Oregon City, OR	加利
彭德爾頓（俄勒岡州）	Pendleton, OR	片利頓
賽勒姆（俄勒岡州）	Salem, OR	四林、西林

附錄三　保皇會地名中英文對照表

續表

現用地名	英文地名	曾用地名
達爾斯（俄勒岡州）	Dallas, OR	打罅市埠
尤金（俄勒岡州）	Eugene, OR	新進埠
羅斯堡（俄勒岡州）	Roseburg, OR	路士卜、勞士卜
亨廷頓（俄勒岡州）	Huntington, OR	坦令頓、坦靜頓
舊金山（加州）	San Francisco, CA	金山大埠
馬里斯維爾（加州）	Marysville, CA	尾利允埠
奧克蘭（加州）	Oakland, CA	屋崙
洛杉磯（加州）	Los Angeles, CA	羅生忌利
雷頓（加州）	Laton, CA	梨頓
維塞利亞（加州）	Visalia, CA	快甄利
福勒（加州）	Fowler, CA	保罅、浮罅
納帕（加州）	Napa, CA	利巴
聖貝納迪諾（加州）	San Bernardino, CA	山般連拿
弗雷斯諾（加州）	Fresno,CA	非士那、斐士那
斯托克頓（加州）	Stockton, CA	士作頓
薩克拉門托（加州）	Sacramento, CA	沙加免度埠
聖巴巴拉（加州）	Santa Barbara, CA	山巴罷埠
奧格登（猶他州）	Ogden, Utah	惡頓
帕克城（猶他州）	Park City, Utah	拍雪地
鹽湖城（猶他州）	Salt Lake City, Utah	梳絡力，梳絡力雪地
		爹椿市頓
		美士文
海倫娜（蒙大拿州）	Helena, MT	氣連拿
比尤特（蒙大拿州）	Butte City, MT	貓雪地、表舌地、表雪地
比靈斯（蒙大拿州）	Billings, MT	阜令士
瑪麗維爾（蒙大拿州）	Marysville, MT	尾利允埠、尾利布窩
博茲曼（蒙大拿州）	Bozeman, MT	波士文
哈佛（蒙大拿州）	Havre, MT	哮巴、哈巴

175

续表

現用地名	英文地名	曾用地名
米蘇拉（蒙大拿州）	Missoula, MT	美所罅，尾所罅
卡利斯佩爾（蒙大拿州）	Kalispell, MT	加李士跛埠
阿納康達（蒙大拿州）	Anaconda, MT	典地港打埠
劉易斯頓（蒙大拿州）	Lewistown, MT	禄市倉埠
本頓堡（蒙大拿州）	Fort Benton, MT	科品頓，火品頓
哈密爾頓（蒙大拿州）	Hamilton, MT	坎文頓
利文斯頓（蒙大拿州）	Livingston, MT	笠榮士頓
		士披
		美利士頓
		迪活
		宙哈
博伊西（愛達荷州）	Boise City, Idaho	貝士雪地
黑利（愛達荷州）	Hailey, Idaho	喜利
波卡特洛（愛達荷州）	Pocatello, Idaho	博奇梯拉埠
		博結士
聖路易（密蘇里州）	St. Louis, Missouri	新蔍
堪薩斯城（密蘇里州）	Kansas City, Missouri	墾士，堅士雪地
聖保羅（明尼蘇達州）	St. Paul, MN	散波
羅克斯普林斯（懷俄明州）	Rock Spring, Wyoming	洛士丙令，洛士丙鈴
狄龍（科羅拉多州）	Dillon, CO	爹崙
科羅拉多城（科羅拉多州）	Colorado City, CO	卡路李度
丹佛（科羅拉多州）	Denver, Colorado	剪化
紐約	New York	努約
費城	Philadelphia, PA	費城
匹茲堡	Pittsburgh, PA	必珠葡
		砵路非
		咭厘亞根
克里夫蘭（俄亥俄州）	Cleveland, Ohio	姬李扶崙

附錄三　保皇會地名中英文對照表

續表

現用地名	英文地名	曾用地名
辛辛那提（俄亥俄州）	Cincinnati, Ohio	先絲拿打埠
坎頓（俄亥俄州）	Canton, Ohio	吸喰埠、頃滄
哥倫布（俄亥俄州）	Columbus, Ohio	加欖罷市埠、哥林布
代頓（俄亥俄州）	Dayton, Ohio	姐俞埠
芝加哥	Chicago	芝城、市加高
		布魯非埠
新奧爾良	New Orleans, Louisiana	那柯連埠
		火打慎火伴埠
		乾連俞埠
		比叻珠埠
麥迪遜（威斯康星州）	Madison, Wisconsin	雪地美慎
波士頓	Boston, MA	波士頓
		因陳盧蔔埠
聖安東尼奧（德克薩斯州）	San Antonia, Texas	美屬新村、山寸埠
韋科（德克薩斯州）	Waco, Texas	偉咕埠
		千二米埠
		汝利慎
		新味
		威麻埠
		地拉士埠
巴爾的摩（馬里蘭州）	Baltimore, Maryland	波利磨埠
		閑拿尼埠
		姐咕埠
		本市埠
華盛頓	Washington, DC	華盛頓埠
哈特福德（康涅狄格州）	Hartford, Conn.	哈佛
新澤西（康涅狄格州）	New Heven, Conn.	紐喜允埠
新不列顛（康涅狄格州）	New Britain, Conn.	紐布烈頓

177

續表

現用地名	英文地名	曾用地名
布里奇波特（康涅狄格州）	Bridgeport, Conn.	必珠埠
梅里登（康涅狄格州）	Meriden, Conn.	
諾威奇（康涅狄格州）	Norwich, Conn.	那治
新倫敦（康涅狄格州）	New London, Conn.	紐倫敦
羅福（弗吉尼亞州）	Norfolk, Virginia	那伏
圖森（亞利桑那州）	Tucson, AZ	所笥，祖笥
菲尼克斯（亞利桑那州）	Phoenix, Arizona	斐匿
奧馬哈（內布拉斯加州）	Omaha, Nebrasha	多馬河
博蒙特（德克薩斯州）	Beaumont, Texas	布滿
加爾維斯敦（德克薩斯州）	Galveston, Texas	加利委市頓
	Columbia?	
漢福德（加州）	Hanford, CA	顯佛
奧克斯納德（加州）	Oxnard, CA	篤市匿
貝克斯菲爾德（加州）	Bakersfield, CA	北架斐
戴德伍德（南達科他州）	Deadwood, SD	積鬱
斯普林菲爾德（伊利諾伊州）	Springfield, Ill.	市比冷啡路

檀香山：

現用地名	英文地名	曾用地名
檀香山	Honolulu	檀香山
考愛	Kauai	道威
希洛	Hilo	希爐
毛伊	Maui	茂宜、茂密
卡胡盧伊	Kahului	科呼
哈萊伊瓦	Haleiwa	夏利佛
		日惹
		檀香山架巴

附錄三　保皇會地名中英文對照表

墨西哥：

現用地名	英文地名	曾用地名
墨西哥城	Mexico City	墨西哥埠
阿拉莫斯	Alamos, Sonora	亞林務士埠
埃莫西約	Hermosillo, Sonora	詩耀埠
托雷翁	Torreon, Coahuila	菜苑埠
卡納內阿	Cananea, Mexico	諫拿呢埠
梅里達	Mérida, Yucatán, Mexico	尾利打埠

太平洋：

現用地名	英文地名	曾用地名
塔希提，大溪地	Tahiti	大溪地埠

澳洲：

現用地名	英文地名	曾用地名
新西蘭	New Zealand	鳥絲綸
悉尼	Sydney	雪梨
墨爾本	Melbourne	美利畔、利濱埠
堪培拉（新南威爾士）	Canberra (New SouthWales)	新南威爾士州
	East London, Australia	意史倫敦
塔姆沃思	Tamworth, Australia	貪麻埠
弗里曼特爾	Fremantle, Australia	非厘文庋舉
珀斯	Perth, Australia	普埠、巴扶
杰拉爾頓	Geraldton	遮爐頓埠
阿德萊德	Adelaide	克力
巴拉臘特	Ballarat	巴剌律埠、孖辣
布里斯班	Brisbane	比里斯賓、庇厘時濱埠
羅克漢普頓	Rockhampton	洛金頓
凱恩斯	Cairns	堅市
		巴打士埠

179

中南美洲：

現用地名	英文地名	曾用地名
危地马拉城	Guatemala City	瓜地馬拉埠
利文斯頓（危地马拉）	Livingston, Guatemala	立定士頓
利蒙（哥斯達黎加）	Limon, Costa Rica	中美洲檸檬埠
牙買加	Jamaica	西印度占尾架
科隆（巴拿馬）	Colon, Panama	個郎
巴拿馬	Panama City, Panama	巴拿馬
	Bocas del Toro, Panama?	卜忌斜拿埠
聖薩爾瓦多	San Salvador, El	山沙威度、散島
古巴	Cuba	古巴埠
哈瓦那（古巴）	Havana	煙灣拿埠
瓜迪馬拉	Guadalupe	和老臂埠
利馬	Lima, Peru	利馬
皮烏拉	Piura, Peru	必打、跛打
特魯希略（秘魯）	Truillo, Peru	道禧埠

南非洲：

現用地名	英文地名	曾用地名
伊麗莎白港（南非）	Port Elizabeth	砵衣厘是
德班（南非）	Natal, South Africa	拿旦埠

日本：

現用地名	英文地名	曾用地名
橫濱	Yokohama	橫濱
神户	Kobe, Japan	神户
東京	Tokyo, Japan	東京

南洋：

現用地名	英文地名	曾用地名
檳城	Penang, Malaysia	檳榔嶼、庇能

附錄三 保皇會地名中英文對照表

續表

現用地名	英文地名	曾用地名
丹戎紅毛丹	Tanjong Rambutan	紅毛撥埠
雪蘭莪州	Selangor, Malaysia	雪蘭峩
新加坡	Singapore	星加坡
仰光	Yangon, Burma	仰光
曼德勒	Mandalay, Burma	華城
曼谷	Bangkok (Siam)	暹羅
西貢	Anam	安南
		加厘
吉打	Kedah, Malaysia	吉打
科倫坡	Colombo, Sri Lanka	哥林埔
西孟加拉	West Bengal	亞士・孟加拉
蘇拉卡塔（爪哇）	Surakarta, Java	羅疏、梭羅
泗水	Surabaya, Java	蘇拉拜亞
萬隆	Bandoeng	巴蘇溫
三寶壟	Semerang, Java	三寶壟
錦石（爪哇）	Gresik, Java	錦石
切里博（爪哇）	Cheribon, Java	井里文
雅加達	Batavia, Jave (Jakarta)	巴城

中國：

現用地名	英文地名	曾用地名
香港	Hongkong	香港
澳門	Macao	澳門
上海	Shanghai	上海
廣州	Guangzhou	廣州
廈門	Xiamen	廈門
漢口	Hankou	漢口
天津	Tianjin	天津
北京	Beijing	北京

181

主要史料來源

一、未刊物

1.《康同璧檔案》，張滄江藏。

《康同璧檔案》是康同璧老人在 1969 年去世時尚存的有關自己的所有文稿和史料，她親自整理打包，囑女兒羅儀鳳在日後見到張滄江時，托付給他，寄望張滄江將其整理出版，流傳于世。張滄江自 1955 年起，接替顧頡剛先生成爲康同璧的私人秘書，協助她整理康有爲著作、起草書信和發言稿、記錄和整理回憶錄，被她待之以子侄。張滄江在退休後的 20 年裏，一直默默地整理康同璧留下的史料，直到 2011 年過世（享年 89 歲）。

2.《康同璧自傳》，康同璧口述，張滄江記述整理，張啓禎、張啓礽繼續整理。

3. 張啓礽編著：《康同璧年譜》。

4. 康同璧補校：《補康南海先生自編年譜》，1961 年。

5.《康同璧南溫莎舊藏》，張啓禎、張啓礽整理編輯；譚精意（Jane Leung Larson）、張啓礽翻譯；Jane Leung Larson, Robert Leo Worden and Chi Jeng Chang 共同考證。

《康同璧南溫莎舊藏》，有 233 封 1904—1905 年間康有爲和保皇會同人的往來書信，完整地保存了 1905 年海外維新運動鼎盛時期的重要史料。

6.《康梁與保皇會》，即《康梁與保皇會——譚良在美國所藏資料彙編》原書，經張啓礽增補、更正和 Jane Leung Larson 英文翻譯。有四百餘封書信，包括自 1900—1904 年及 1906—1909 年間海外維新運動的重要史料。

7. Robert Leo Worden, *A Chinese Reformer in Exile: The North American Phase of the Travels of Kang Youwei, 1899-1909*, B.A., M.A., 1972, Revision 2.1.

二、已刊物

1. 康同璧編著：《南海康先生年譜續編》，1958 年 9 月油印本。
2. Jung-pang Lo ed., *Kang-Yu-wei: A Biography and A Symposium*, 1967.
3. 上海文物保管委員會編：《康有爲與保皇會》，上海人民出版社 1982 年版。
4. 康有爲撰，姜義華、張榮華編校：《康有爲全集》，中國人民大學出版社 2007 年版。
5. 方志欽主編，蔡惠堯助編：《康梁與保皇會——譚良在美國所藏資料彙編》，香港銀河出版社 2008 年版。
6. 中华书局编辑部：《南長街 54 號梁氏檔案》，中華書局 2012 年版。
7. 張人鳳：《1900—1901，康有爲在南洋——讀邱菽園後人王清建先生藏康有爲致邱菽園信函及其他歷史文獻》，Biblioasia OCT-DEC 2013, Vol.3, Issue 3, National Library Singapore。

三、海內外各大報刊，政府檔案，美國、加拿大各地博物館、檔案館、圖書館藏報刊

此書中，所有未標明出處的楷體文字均出自《康同璧檔案》、康同璧自傳、文稿以及張滄江手稿。其他材料來源則在注釋中標明。